民友 里的民国生活

民国生活简史

民国社会众生相

本书编写组 编

上海科学技术文献出版社
Shanghai Scientific and Technological Literature Press

图书在版编目（CIP）数据

民国生活简史：民国社会众生相 /《民国生活简史：民国社会众生相》编写组编．—上海：上海科学技术文献出版社，2021

ISBN 978-7-5439-8311-3

Ⅰ．①民…　Ⅱ．①民…　Ⅲ．①社会生活—历史—中国—民国—摄影集　Ⅳ．① D693.9-64

中国版本图书馆 CIP 数据核字 (2021) 第 059419 号

选题策划：张　树
责任编辑：苏密娅　姚紫薇　张雪儿
封面设计：留白文化

民国生活简史：民国社会众生相
MINGUO SHENGHUO JIANSHI: MINGUO SHEHUI ZHONGSHENGXIANG
本书编写组　编
出版发行：上海科学技术文献出版社
地　　址：上海市长乐路 746 号
邮政编码：200040
经　　销：全国新华书店
印　　刷：常熟市人民印刷有限公司
开　　本：650mm×900mm　1/16
印　　张：15.5
字　　数：155 000
版　　次：2021 年 5 月第 1 版　2021 年 5 月第 1 次印刷
书　　号：ISBN 978-7-5439-8311-3
定　　价：58.00 元
http://www.sstlp.com

出版说明

有这么一本民国期刊，蒋介石题赠“文化先锋”，萨空了先生称之为“中国第一本画报”，最高发行量达4万份，代售处遍及“南洋群岛及世界各埠”……当人们谈起老上海情怀，说到民国文化的摩登时代，总喜欢用它来作为佐证，它就是《良友》画报——中国现代新闻出版史上出版时间最长、发行量最大、发行范围最广的刊物。

一本《良友》画报，如何能承载这些盛誉？

从1926年创刊到1945年终刊，《良友》画报共刊行172期，载彩图400余幅，选用照片32000余张……这数以万计的照片中，最吸引人的当然是《良友》的封面女郎，她们中有电影明星留下的妩媚身影（例如好莱坞的中国影星黄柳霜），也有社交名媛的秀丽倩影（例如《色·戒》的女主角原型郑苹如）。但其实这些封面女郎远远不能代表《良友》所蕴含的深远魅力。

《良友》超越时代的生命力，在于它的图片代表了民国时期纪实摄影的最高水准，每一张照片都堪称大时代生活的剪影画，每一册刊物都可谓是一本时代图像志。那些在内页中看起来尺幅不是非常大的图片，每一张都是一个深入民国历史方方面面的镜头。

此次付梓出版的“《良友》里的民国生活”丛书包括：《民国里的上海》《民国生活简史》《他们的民国》《在民国谋生》《民国亲历记》和《行走在民国》。这些图书内容或有电影明星叶秋心演绎的《小家庭第一课》;或有《新年的街头》中，傀儡戏、纸鸢、纸花、灯市、戏法、西洋镜等热热闹闹的场面;或有酱油、糖、蚕丝、汽油、木炭、纸张、油漆、汽水的制造过程;或有丰子恺、冯玉祥、洪深、马思聪、刘长春、黄柳霜、徐悲鸿等名人袒露胸襟的自传;或有随着《良友》全国摄影团考察民国16省的风土人情;或有领略边疆民族生活、交通状况、名城胜景的纪实。让人在娓娓道来的笔触与罕见的图片里，感触中华传统文化的魅力与传承。

为了保持《良友》的原貌，并将原刊精华准确地呈现给读者，我们仅对内容作了重排与审校，地名、人名、语言风格和一些词语的使用，以及少量英文标题和图题等，我们都没有作修改，也没有加编者注，完全依照原刊原貌呈现，希望读者能够给予理解。

在《良友》百期纪念特刊中曾有人写道，“《良友》无人不读，《良友》无所不在”。每位读者都能在这套丛书中发现自己的兴趣所在，找到那么一些感动自己的细节，发掘一些与自己的生活相关的部分……倘若这活生生、热乎乎的民国画卷能让你心有所感，那只能说明，这世间，确有一些文字与图片会有无穷的魔力，在历尽岁月洗礼后仍然熠熠生辉。

这，就是《良友》的价值所在，也是我们编辑此套图书的初衷。

编　者

2021年3月

目录

新年的街头
STREET SCENES DURING THE CHINESE NEW YEAR

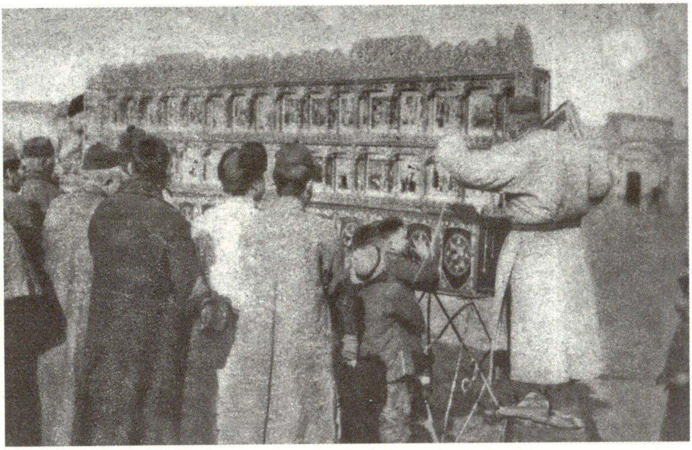

Only a new pore, and there to enjoy a peep show.
西洋镜，二十文。（《良友》摄）

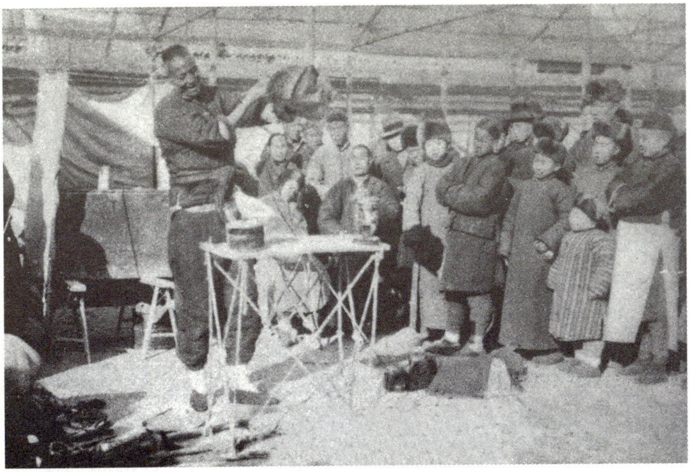

The street magician that makes many children lose their meals.
戏法人人会变，巧妙各有不同。（陈嘉震摄）

一会儿面目狰狞，一会儿嬉皮笑脸！（《良友》摄）

In Taiyuan, Shensi, to buy the paper flowers for room decoration at the beginning of every year is a necessity.

太原市贩，每届新年，辄有在街上摆卖纸花者，途人购归以为房壁点缀之用。（《良友》摄）

Kites are one of the favorite sports of both men and children.

春风荡漾，好放纸鸢飞。

Marionette performed in the street is another new-year feature that attracts big crowds!
装腔作势，弄假成真，看他傀儡登场，演尽人间丑态！（陈嘉震摄）

新年说梦

（马国亮）

年纪大一点，趣味的感觉便渐渐地减少了。

儿时，听别人说一个极普通的故事，会使自己有许久的回味，而现在，看了一套厚厚的俞樾的《春在堂随笔》和一本 Willa Cather 的《失去的妇人》（*The Lost Lady*）还是觉得兴味不够。这恰如儿时过新年是多么起劲，现在却了无兴趣一样。

但在儿时却又偏偏望自己赶快长大成人。这许是全世界的孩子都有同样的心理吧。因为成年的人，在孩子的眼中看来，是自由而又舒服的。孩子却要听从长辈的命令。现在变了成人，才恍然成人表面上虽有许多自由，而另一方面的许多忧虑却是孩子们所梦想不到的。

这儿时的憧憬，长成时的懊悔，原因也许是人底“欲望无穷”，也许是世代一年不如一年吧！

唯其欲望无穷，唯其世代一年不如一年，人们都有个梦，尤其是在新年的时候。

谁不爱梦想呢，梦永远是美丽的。

儿时梦长成，长成之后又梦成功，一年梦一年。梦便永远领带着人们从孩提一直到老死。当前者进了坟墓，后者又来把梦接了过去；如果世界不曾到末日，梦想终会开出现实的花来的。几千年前人们已经梦想能够腾云驾雾，一直到现在我们居然有了设备很舒服的飞机。物质文明能有今日的进步，全是梦的连续的结果。我们不怕梦不在自己眼前实现，只怕完全不肯做梦！唯其人底欲望无穷，所以马可尼在发明了无线电短波之后还努力再发明了超短波，物质的成功便永远向着无穷进展。唯其世代一年不如一年，人们才急于努力去实现梦想的人间天国。

因此，梦是可歌颂的。哪怕是个中头奖发财的梦！只要他中不到彩时不要灰心而去跳黄浦江，却马上放弃了头奖的梦而重新去另做一个。

到了新年，大家似乎有点觉得欣然自喜，觉得至少又多活了一年了。换句话说，是添寿一岁了。可是，细想起来，这似乎不是怎么可喜吧！如果我们知道我们距离坟墓的路又近了一年的话。生命既一天一天地接近坟墓，然而我们的事业呢？我们的梦呢？

认真说来，年岁其实并不是我们寿命的标记。真正度量我们的寿命的尺还是我们的事业。生命原本便不是使人活着的那么简单，全人类于它是有更大的企图的，每一年，每一月，甚至每一天，都应该有它的成绩在。我们不问生命年岁的短长，只计他事业成就的多少或大小。活到一百岁也等于不曾出过世的，假如是一无所成。反之，即使是短命而死，倘在未死之前已有所贡献，那不是比长寿而死，于世无所建树的更强得多么？

不朽的生命是寄存于不朽的事业之上的。没有不朽的事业，纵然长满了白胡子，岂得谓长寿！静静地来到世间，又静静地离去了，当坟头给青草掩没了的时候，谁还记得这世界上曾经有过这样的一个人？永远的记忆是从深湛的感谢中带来的。

在无尽的未来的路畔，历史的老人正在册页上记着一些名字，他会告诉后代谁才是真正长寿的人。

因此，让我们牢握着这有限的短促的时日罢。时日的飞逝是迅速的，而事业的成就却必须不轻易溜去了一日。利用了每天的时日，尽了我们所有的能力，为人类的幸福建树。有一份力尽一份心，最后的成功不一定在自己眼前的。（其实也没有所谓最后的成功。）如其自己能为后来者开辟一条容易走的路，在崎岖的路上铺上平坦的泥土，在水上搭好了桥梁，使后来的人更容易达到成功的领域，那已经可说是有相当的成功了。这不是同样地对自己良心无愧，对世界无须脸红么。

世间一切事业，从没有可以单靠个人的力量成功的。一粒谷煮成米饭，其中直接间接，已不知经过了多少人

Paper lamps of various description fill the market on the 15th. of the first moon when the whole China celebrates the Lamp Festival.

元宵灯节，吾国旧俗，数千年来，相沿弗替。图为北平灯市之大观，陈列各式纸灯甚多，供客选购。

的心血和努力。所以我们对世间一切的建树该有责任。宁可在少年死去时可以自慰，不要在老年死去时不敢向世界抬头。

这便是说，我们大家都应尽量利用我们的生命来做梦，向梦想的目标努力。

无穷的生命连续，向着伟大的梦境前进，终有一日，终有一日梦境会成为现实，天堂就在世间。

梦，原不该要在新年才起始做的。然而事实上如今正是新年。如果以前曾忽略了梦的，到现在重新再做，也总比完全不做更好吧。在这伟大的摇撼着全世界人类的心的新年头里，愿诸君努力做梦。

关于木偶戏

（希　白）

艺术最完善的领域是创造生命，最高的目标也是创造生命。组合了十几个零散的声调而构成的感人的乐章；从字典里把呆板的字分排成一首充满了生命的活跃的诗或故事；用几种颜色或仅是线条而绘成的活现着一个灵魂的图画，这都是艺术的创造生命的效果。同样的，木偶戏被赞许，被提倡，以及被推崇，就是因为它完成了艺术的创造：把生命装进木雕的偶像里面。

提线木偶戏在中国似乎不大见到。但是在欧洲和日本等处，是非常普遍的。尤其是日本，数世纪以来，人的剧场和木偶的剧场简直是两个不相上下的劲敌。有一个时期是人的剧场占了优胜，原因就是因为人的剧场去模仿木偶戏的内容。木偶剧团现在最有名的首推意大利波特列加（V. Podrecca）所组织的木人戏剧团。这剧团里有八百个木偶，用合起来有十八英里长的线索引着跑遍了全国，轰动过几千万的观众。（现在这剧团正作环球旅行表演，最近是在美国的几个大城中，每经一处，都博得了群众的热烈的欢迎。）

他们的木偶团可算是现在世界中最完备的一个。八百个木偶中包括着跳舞家，歌唱家，荡妇，小丑，斗牛士，钢琴家，走钢线者，爵士歌者，绅士，乞丐，猫，狗等动物，甚而至电影明星如嘉宝，卓别林，以及墨水画中的米鼠（Mickey Mouse）等等应有尽有。

木偶的本身大概是四尺长；体格的构做是看被派定的

角色而定。有些是硬的躯干，笔直的两腿，还有一种是关节在腰部，肩部，和膝部等骨节上。更重要的角色更为精巧，连眼睛，下巴等都有关节的。这样当唱歌者的口的开合，走钢线者的抖战，拳斗时的扭紧牙骨，简直是丝毫不爽的。此外还有大队的歌舞团，动作的美妙与整齐简直连真人的歌舞团也比不上。

木偶生命的创造者，便是那些在幕后居高临下的提线者。他们运用着熟练的技巧，每一次手腕的辗转，每一次指的微动，都使得在他们手下舞台上的木偶栩栩如生。遇到伟大的场面需要二十多个的提线者同时登场时，也从没有一根线因为在这样挤轧淆乱之下弄得不能分解的。有时一个重要的动作复杂的木偶更需要同时三四个人的共同提线。他们彼此联络，贯彻各部，决不会先后颠倒而闹出了笑话。此外布景，服装的更换等等，情形和剧场上的差不多。

以上是简单地叙述了提线木偶戏的构造和演出的梗概。读者参看了下列的图片当能更充分地明了。现在，上海已经有人在提倡了，我们希望它能够早日出现在观众的眼前。

为什么我们对于现有的人的剧团不满足，而必需提倡傀儡的木偶戏呢？理由就是如最先说过的一样，因为它是纯粹的艺术生命的创造。巴克庶（A. Bakshy）说，“木偶是除非动作，便不能生存，人类便除非是生存，便不能动作，前者生命是动作的效果，后者动作是生命的功效。”进一步说，木偶的整个存在就是为艺术。这样，它是比人类更尽忠于献身为艺术是无可非议的。

英国名导演戈登克氏，他竭力主张用傀儡来做演员，理由是因为“木偶是毫无自私心的人。”这话是不可轻视的。戏剧就是人生的写实，用没有成见，（即没有自私心）的木偶来扮演，总比一个真人更来得真实和尽力吧。在一张白纸上面绘上图画，是谁也知道比较在一张已经涂满了乱七八糟的污墨的纸更为清楚一点的。

也许有人以为木偶的动作有时是近于夸大，但是倘若我们明了了现代艺术的表现派的所以成功于这一个世纪里的理由，那么对于木偶的夸张的动作是不该诟病而且还应该推许的。

Puppets Personating Characters of the 17th Century.
扮演17世纪人物之木人。

Puppet Lady and Her Dog.
木人与木狗。

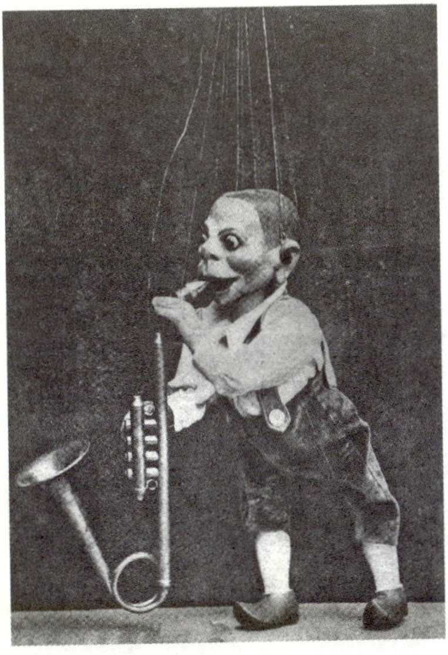

The Puppet Clown.
有趣的木人。

The Puppet Stage-dance.
裸女之舞姿。

The Marionette.
捷克都城巴拉加某木人戏院上演木人戏之一幕。

北平假花之制造

（魏守忠摄）

北平崇文门外，花市在焉，营制花业者，汇聚于此，以千家计。是处所制之花，精美肖妙，几可乱真。其制花之程序，亦甚有趣。兹由魏守忠先生在平摄得有系统之照片十数帧惠来，均为关于假花之制造程序者，本刊特为刊登，并附说明，以飨读者。

制花之法，初视之似觉甚易；但其中之小门径，皆由经验得来，着色一项，最见功夫，以其依照真花之色彩，力求像真，故非有相当之经验不可。其制造之原料为绸，缎，绢，纱，纸，电光绒，通草，铁丝，布等。凡一花之开始制造，先将所欲用之材料，质软者，置于浆中浆之，干后，则开料为瓣。花瓣有簻瓣，剪瓣二种。盖一花之瓣，有大小不同之别，由内至外，分一号，二号十余号，或二十余号不等。依花瓣之大小，作成钢模，将浆得之材料，重复折叠，置于钢模下，用力簻之，则花瓣依形而落，是为簻瓣。剪瓣为少数奇特之花，不常制与初制者，则以人工剪之花瓣成后，即加染色，染后即置于阳光下曝之使干，然后以窝瓣器依照真花之形状窝之。窝瓣器为各种大小圆木棍，两端均作球形者。最后更用一钢镊窝之。所窝之花瓣，像真与否，则视乎工人之手艺如何矣。

花叶多用纸制，亦间有以绒或布为之者，视花而别。叶之制法，与制瓣同，分剪簻二种。先将裹纸之铁丝，粘于叶上制成叶梗，然后乃制叶筋。有烫筋与压筋之别：烫筋为用特制之铁笔，烧热烫筋纹于叶上。烫得后浸于热蜡中，重复取出，洗以凉水，便呈光亮之状。压筋为将箍得之叶以水浸湿，置于木制或钢制之叶形模中压之，如是即成叶形矣。

花蕊为丝线所制，法以丝线浸于颜料浆中，浆之使硬，致于直立不倒为止，每端蘸面，捏为球形，骤望之与真者无异。

以上各种单件制备后，则聚而成花。花有全开，半开，花苞等。全开者，以花蕊一小把，置于其中，再将花瓣由小号至大号，渐次向外仿真花之形式粘成。半开者，则仅粘花瓣数片而已。花苞则有二种：为纸制者，将花瓣窝苞形，合粘而成。一为面制者，以铁丝蘸面，捏成苞状，后着以需要之色，再浸以热蜡而成。

花之种类颇多，制法亦各不同，现略述插瓶花之制法如下：取制得之花，叶等，由有经验之工人攒之。法以较粗之铁丝，裹以纸，布或通草而卷之，花之大者则卷于上，渐次由花而叶，而花苞，半开等，卷成一枝，然后由枝集于一本，再经工人略加修理，便成花签，取以插瓶，洵佳品也！

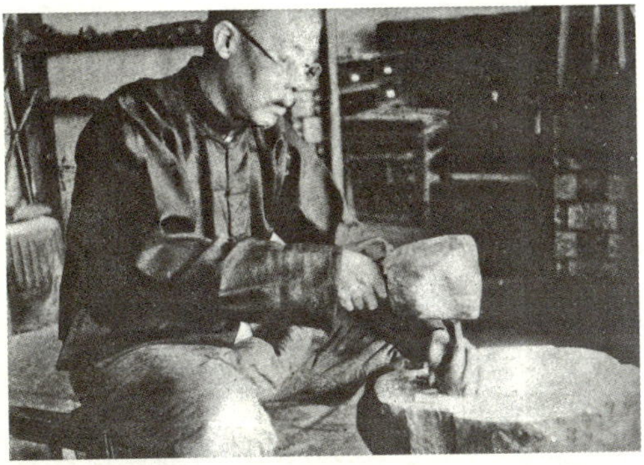

First, petals and leaves of various sizes are cut from a large piece of paper or cloth.
箍花瓣。

Important tools in the first process: The cutter and the hammer.
箍花瓣之工具：木棰，钢模，木墩，材料。

Dyeing the petals.
将花瓣染上各种颜色。

Fixing the leaves on a wire.
以裹纸之铁丝粘于叶上，制成叶梗。

Impressing a system of veins on a leaf with a heated steel-pen.
以特制之铁笔烙印叶纹，谓之烫筋。

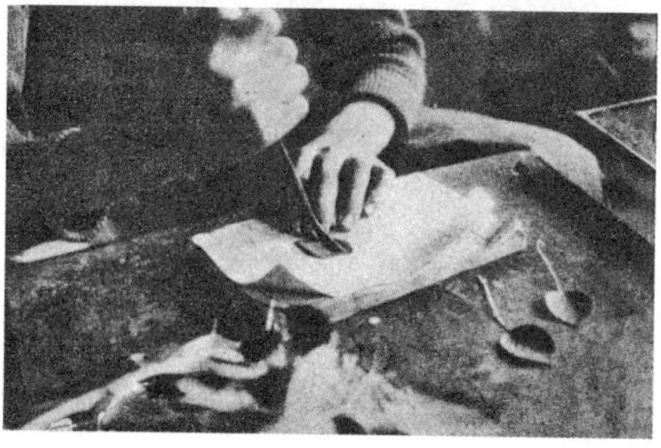

Here are the moulds that give the leaf a wavy surface.
烫筋时情形。

The surface of a leaf shines after being dipped into boiling wax.
烫筋之外，别有压筋。图为压筋所用之工具，如木棍凹凸模等。

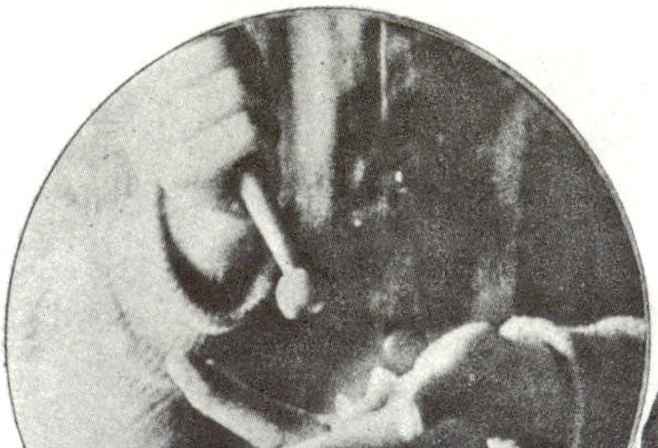

And then they are pressed by steel moulds.
以窝瓣器照真花之形状窝之。

Petals are hammered into desired shape.
花叶经烫筋后，浸于热蜡中，重复取出洗以凉水，便呈光亮之状。

用钢镊窝之。

Putting the petals together.
粘花瓣之工作。

Then flowers and leaves are fastened to a branch by experienced hands.
有经验之工人攒出整枝之花。

At last, a bunch of lovely flowers.
制造完成之假花，几与真者无异。

Drying the dyed petals in sunshine.
染色后之花瓣，置于阳光下曝干之。

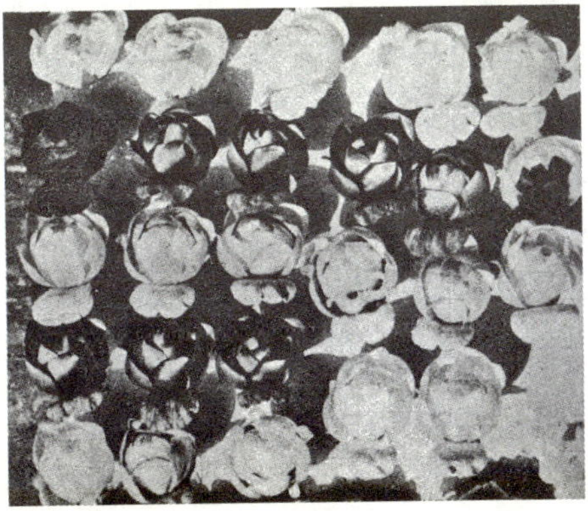

Fresh and lovely roses for your buttonhole.
已制成之装饰用花。

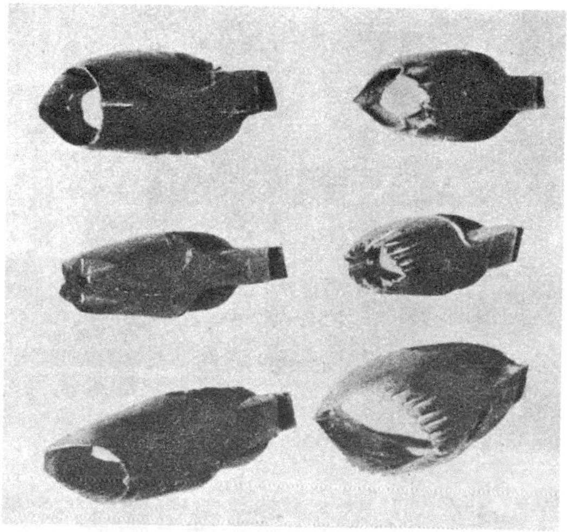

The cutters.

箍花瓣用之钢模：右三者为花瓣模；左三者为花叶模。

The different kinds of leaf-moulds.

压筋用之各种木模。

Wreathes of paper-flowers.
已制成之花圈及插瓶花。

A "pailou" of paper flowers.
牌坊之上纸花。

硖石灯彩
THE MAGNIFICENT LANTERN PARADE OF SIASHIH

（徐雁影摄）

On every twelfth year, a big lantern parade is to be held at Siashih, a town of the Haining District, in honor of the city gods. The one that fell upon this year took place on the 25th of April. The parade consisted of bundreds of lanterns made of silk or paper assuming the form of pagodas, pavilions, arbours, birds, dragons, flowers etc. Many of them were prepared months ago and done with such admirable technique that they could even be reckoned as works of art. Pictures printed here give a few examples.

硖石古称双山，亦名鹃湖，为海宁县治之唯一巨镇，近代诗人徐志摩之故乡，镇间，双山对峙，一水横贯，风景秀丽，该镇习俗，每相隔十余年，暮春佳日，必有赛灯之举，年来国家多故，民生维艰，赛灯盛会，中间隔断者凡十三年，今春忽兴之所至，又作盛大之灯会，筹备月余，耗资数万，始于四月二十五日正式迎赛，灯会之盛，无与伦比，灯彩之精巧，尤足惊人，兹刊灯彩摄影各图，读者请以艺术欣赏眼光观之可也。

硖石灯彩，主要者为亭台楼阁，次为彩伞，彩伞即纸制之凉伞，分为六角，每角以三页尺页大小之针工字画拼成，一伞共十八页，页页不同。至于针工字画，咸以彩色宣纸裱糊制成，上刻花木人物，山水鱼虫，行草古书，皆出名人手笔，价值颇巨。字花四周及背景，则以细针刺孔，入夜燃烛后，光芒自针孔透出，有如织花之纱罗，玲珑美观，以针工言，彩伞实为集大成之名贵作品也。

三辰亭：三辰，日月星也，取意至佳，亭顶红日一轮，入夜烛火光辉夺目，其制作亦较难，高约二丈。

玲珑阁：高凡三层，状极玲珑，而又富丽堂皇，亦为此次灯彩中之佳作。

古塔：高凡七级，分为六面，依照硖石东山之智标塔式样而制，塔顶，塔身，瓦面，皆用淡绿色宣纸针工，墙垣有黄有红，配色柔和，各层栏杆之花纹，甚为细巧，塔高虽不及三尺，但小巧玲珑，精彩无比。

“鸳鸯亭”：亭心有纸鸳鸯一对，作嬉水状，玲珑活动，几可乱真。

梅亭：制造巧妙，亭作浅绿色，后衬以山石春梅，翠竹数株，亭顶置一白鹤，四周雕栏，颇为秀丽。

国华亭：亭后饰以梅花，亭之制作式样，花纹色彩，均极美观。

彩伞片面书画图案之一。

彩伞片面书画图案之二。

彩伞片面书画图案之三。

曲阜孔祭

（国际社）

八月廿七日，前经国府明令定为孔子诞辰。今年并令全国举行祭孔典礼。是日上至国府，下迄各机关学校，无不纷纷奉行。山东曲阜为孔子诞生地，祭祀典礼，更异寻常。并由国府特派叶楚伧氏代表主席率领各部院代表前往奉祀。其典礼之隆重可见一斑。

Mr. Yeh Chu Tcbang, chief representative of the government paying his homage to the greatest sage of China, Confucius, before his tomb on August 27th.

国府特派代表主席叶楚伧氏率领各院部代表在孔林孔墓前献花行礼。

Mr. Kong Teh Cheng, Confucius's descendant in the 77th generation.
孔子第七十七代孙孔德成，为世袭之衍圣公。

Government representatives photographed with Mr. Kong Teh Cheng.
各院各部代表在衍圣公府内与衍圣公合影。

The hat which the sage worn during his lifetime.
孔子生六十时所戴之冠帽。

Dancers and musicians in their typical ancient costumes.
孔氏家族家祭时之情形。

Descendants of Confucius sean kneeling aground with the government representatives before the tablet of the sage.
大成殿前乐舞生之羽舞，衣物悉采古制。

故都之鸭业

（韩德章撮记）

白鸭为故都名产，凡来此观光者，莫不争尝烤鸭，以快朵颐。业是者率僦河滨以居；近郊溪河，源自翠薇诸名泉，水清且漪，而白鸭亦因之得受山川灵秀之气，尔雅温文，皓洁如雪，顾未仅风味佳绝焉。

白鸭虽擅于生产，惟拙于育雏，故鸭户每拣拾鸭卵，储以瓦盆，荐以麦秆，而由母鸡孵之。此等母鸡均系久于生产饱富经验者，称“抱窠鸡”，每窠能孵鸭卵廿枚或七八枚不等，较勤者可连孵三四窠。平日绝少离盆，可谓忠于所事矣。

鸭户每辟专室为育雏之用。四壁嵌木架，罗陈瓦盆，每盆各有抱窠鸡伏之。室内光线殊暗，盖所以使温度均衡，且免母鸡受外物骚扰静极思动。每盆之前悬铁箔制之小斗二个，一以储食，一以给水；每相邻之两盆且各隔以木障，盖防止邻里姑嫂，因闲话家常，致起争端也。

鸭卵须经二十八日始孵化成雏，初啄壳而出，嘤嘤而鸣，全体茸毛轻柔，色黄如金，因以“鸭黄”名之。鸭黄以幼弱易被践踏，或为猫畜侵伤，率藏苇编之篓内，冬晴之日，列篓成行，曝于阳光以求暖。庙会集市，挑篓求售，每得常价。而鸭黄则寝于斯，食于斯，且晴暖之时，每给食罢，则举篓投诸清流，以为之洗涤焉。

鸭黄渐长则黄毛退落渐生白羽，则依窠次各据一栏，为露天生涯。再长则酌使下河游泳。惟此种特权只为生卵

（一）白鸭拙于育雏，故鸭户以母鸡孵鸭卵，图为抱窠鸡与孵鸭卵之瓦盘，每方丈面积可容八十盆，室内光线不足，可使母鸡镇静，冬日天寒，酌放火炉以取暖。

用途之老鸭可得享受。预留出卖之肉鸭，则除必要之运动及沐浴外，不常“放河”，且禁其运动，并强填以过量之饲料以求肥重。

育鸭之饲料，依鸭黄之发育而有变化，生后三日饲以煮熟之小米饭；六日后则改饲半熟之小米饭及水浸之绿豆瓣，约为米二豆一之比例。七八天后则喂以小米，黑豆，高粱，并佐以菜叶及水草，以补足营养必需之“维他命C”。生卵之老鸭则为植物质饲料外，酌加溪河捞取之虾，以富于蛋白质故也。

喂鸭在特筑之冂形砖台内行之。台高约二尺许，三面壁顶或放置饲料器具等物。中部平地则铺以苇席，饲料则撒布席上。距此砖台二尺处则为游泳池，池亦筑有凵形之砖墙栏之。两门遥遥相对如唇如齿。饲时每驱一窠（数十只至百余只）给食，食举即自动纷纷争入水池，或游或潜，至尽其乐。其时略放次窠之门，即争前恐后奔就食所。惟时前窠浴毕出池，次窠食罢就浴，此来彼往，秩序井然，若饱受训练且深具自治能力者。浴池毗邻辘轳，添水放水，极为方便，且时常换水，盖就浴目的尚兼“给水”故也。老鸭之散放河中者，除自行觅食外，又由饲者将人工食料挑赴河滨，数十武外即噪叫不已，既而蜂拥登岸，饱餐之后，复纷纷下水自由潜泳，对世故时局，若漫不经心者然。

（二）鸭卵经十八日始孵化成雏，其色黄如金，因以鸭黄名之，此为初生鸭黄盛于高尺半径二尺之席篓内，每篓可容鸭黄二十五个，二三日后即可移出。

肉鸭生后二月发育完成，即禁其运动，而受强迫饲食之处分，法以高粱及小米面制之棒形食物名为“戛戛”者，强纳食道之中，是为填鸭，受之者苦，或甚于大学新生之被“拖尸”。填后生长极速，数日肥满，售之可得善价。惟填肥后不即出售或宰食，则终以患消化不良而减瘦，则得不偿失矣。故都著名饭馆之备有烤鸭者，率向鸭户批购长成之肉鸭，自行填肥；此等蠢物固不知自己填肥后，将受刀俎釜镬之苦，再去填肥面团团之酒肉顾客，可慨

（三）散放幼鸭之广场，每栏为一窠，即同时孵化者，冬日天寒，曝以阳光以取暖，入夜移入室内。

也夫。

填鸭为故都特有之技术，此种技术人员称“把式”，其技术之佳者，取重三斤余之鸭，填十天后可加重一斤称“三路鸭”；填二十五天可重五斤余，称“二路鸭”；填三十五天可重至七斤余，称“头路鸭”；可依买主所订之标准预计填鸭之日数，盖此行路蹒跚之羽虫，业成“半制造品”矣。

老鸭秋九月间可开始产卵，至次年二三月止，休息一月余，四五月时再生卵至五六月间停止，此时换毛，亦可自人工代为拔毛，八月下河，九月间再生产。通常每鸭每年可产卵二四〇枚。卵重二两七八钱至三两，风味稍逊于鸡卵。如以盐腌为“咸鸭蛋”为佐粥善品，可以久藏；其外皮或施以彩绘，称“彩蛋”，供年节馈赠之用。又或以土碱石灰麦糠等腌为“皮蛋”味亦不恶。皮蛋以蛋白层之表面有树枝状结晶，状甚美观，故有“松花”之名。制松花之作坊，则称“松花局”自成专业，亦继白鸭之后，跻故都名产之列云。

（四）鸭黄母给食之后，则举篓投诸清流，以为之洗涤，为日常定课。

（五）老鸭给食饮水，俱用浅瓦盆，日有定时。此时老鸭中预留出卖之肉鸭，除必要之运动及沐浴外，不常放于水中。

（六）老鸭除在河流自行觅食外，又由工人将饲料挑赴河畔喂食，育鸭之饲料，依鸭黄之发育而有变化。

（七）填鸭为故都特有之技术，此种技术人员称为“把式”，如填喂得当，可加肥甚速，否则饱食致病，得不偿失。

（八）填后肉鸭，生长极速，肥满之后，售之可得善价，此为宰后肥鸭，准备入炉者。

四川之盐井
SALT-WELLS IN SZECHUEN

（刘硕甫摄）

Not a radio station in the distance, but scaffoldings mounted on the top of salt-wells for lifting salt water.

四川乐山县牛华溪之盐井区，远望如烟囱又如塔者为井上之架，名曰“天扯”，高约三四丈。

A close-up view of one of the scaffoldings with a drum in the center. The drum is used to lift the bamboo tube containing salt-water from the deep well.

“天扯”之近景。“壳子”由井中载水而出，系用毛竹片连续，以辘轳后拉起，悬于“天扯”中者即是。

The bamboo tube which takes water with vacuum principle. On the top of the tube is a valve which opens when water goes in, and shuts, when the tube is filled.

盐井之井口及汲盐水之毛竹筒，谓之“壳子”。系以整根毛竹通节，于根下作活塞，入井底则塞开，水满而闭。

The capstan's motive power: the buffalo.

大盘绞关，笨重非人力可推动，拉此大盘篾索子，须以牛为原动力，而此种盐井工作之牛因任重过劳，无毛而红眼，平均一牛之寿命，不过两年。

盐为吾人生活之必需品，所谓柴米油盐居家万不可少者。在化学为氯化钠，多从海水曝晒蒸发，而得一种细粒结晶。我国产盐区域，以两淮及长芦，占地最广，除以旧法晒盐外，并有用科学方法精制者。至川滇一带，地濒边远，距海岸既遥，而交通又不便。于是遂有盐井取水以制盐之法。盖四川地质下层本属盐湖，与青海之盐湖相类，特彼时科学既未发达，何以即能测知，是可知吾人先代文化，实未落人后也。

井盐之状，与海盐别，盖以制法不同，且亦须适应其环境。良以我国西部诸省，山川间隔，交通阻滞，跋陟经旬，行不过数百里，且山岭重叠，舟车不通行，概须背负。倘以淮芦之盐，则结晶既易蒸发，包袋更如漏卮，一程尚未抵达，损失恐将过半。是以井盐均系火煮成块，去其结晶水，质实味重，俾利边远运输，远至西藏，亦多赖川盐之供给，可见一物有一物之产地，而又绝对适合其产地之需要情形也。

四川盐井区域为富顺自流井一带。一井之深多至一百五六十丈，盐井均用旧法，兼有火井，可以引气燃烧，即用以煮盐，盖即盐湖层所容积之沼气。其次为乐山之牛华溪，为盐井较小之区域。其地除盐井外有盐灶盐栈，附近多煤矿，所出煤即用以烧盐，互得其济，成本遂轻。关于四川井盐之制法，虽有参考书籍可查，但外间迄未见其真相。记者因新闻事业，到川考察边疆，曾详细摄有各部状况，此种天然实业之如何组织，胥可于此得见一斑也。

Large reservoir which receives-salt-water from the wells. The stick in the center of the tank is the measuring rod.

盐水自井取出后，放蓄于池。池心十字形物为水量标志。

Where salt-water is transformed into salt blocks.

盐灶作场之外景。有阶级处为进出口，下层为烧煤处。

Like pipes of modern water-works, hollowed bamboo sticks link with one another, forming long lines of tubes to send salt water to distant places.

引盐水由井区至盐灶之毛竹水管，谓之“碱竿子”，有延绵至二三里者，沿途有真空吸水之装置。

The pot for heating salt water.

烧盐之锅，锅底如盘，重一千余斤，须十二人抬。

Salt crystals are formed when water is evaporated.
锅中已烧成之盐，每锅盐水五十斤，须烧两天一夜方成。

Shipping salt to distant cities.
由盐栈运出之盐，用篾篓装置，每包重一百六十八斤。

Conveying slat-blocks to go-downs.
块盐成，工人送存，待各处售。

北平街头艺术家

（魏守忠摄）

鬃人文武戏

Paper actors and actresses made to dance in a copper disc according their director's strokes.

北平街头，多精细玲巧之手工制品，如图一及图二之鬃人戏，即其一种。鬃人文武戏，为王志荣所发明，戏人以纸制成，下端粘上鬃一圈，戏人置于铜盘中，以木棍打铜盘使覆动，戏人因鬃之弹力于盘中旋转，如舞台活动情形。打铜盘之声音，亦可作舞蹈之音乐。此项鬃人，销售于海外者甚多。

昆虫标本

Beautiful insect-patterns sold in glass-covered card-boxes.

街头艺人所制各种昆虫标本，栩栩如生，售价亦廉。

影戏人

Paper figures for shadow-drama. The head and limbs can be moved with tiny threads.

影戏人亦为街头艺术家所制售，有皮制及纸制两种，皮制者可作表演，以灯光将影人照于纸幕之上，幕宽仅数尺，影人四肢皆可使之活动，表演时有影戏戏曲随之演唱，图中之影戏人皆为纸制，不能作正式表演之用，只供儿童之玩弄，价甚廉，因其彩色眩目，故儿童多喜购之。

奇中异

Crose-chain puzzles that takes peoples many absorbing hours to solve.

“奇中异”为一种有益之玩具，不但可作有兴趣之消遣，更能帮助练习脑筋思想。外洋对此项玩具极为重视，所制种类繁多，花样巧新，且以机器制造，故甚准确。我国只以手工制造，种类亦不考究，注意此项玩具者极鲜。图中所示皆为北平街头所罕见之“奇中异”种类。

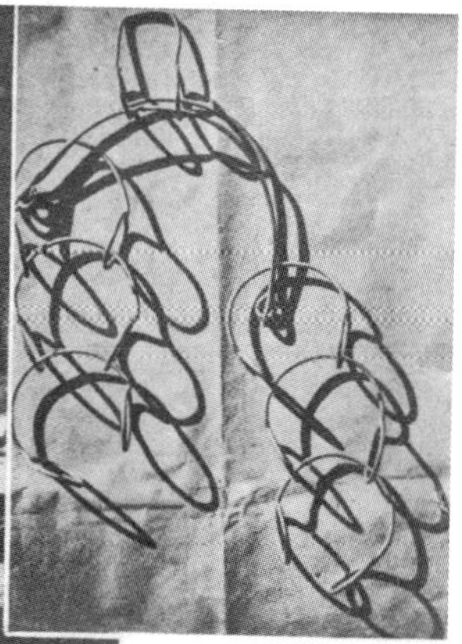

桃核雕品

Miniature boats and pagodas, etc., very finely carved out of fruit kernels.

桃核玩意为一种废物利用之手工业，将桃核刻成各种玩物如小船，车子，茶壶，花塔等，上为各种桃核玩意之一斑，下为桃核刻者之工作情形。

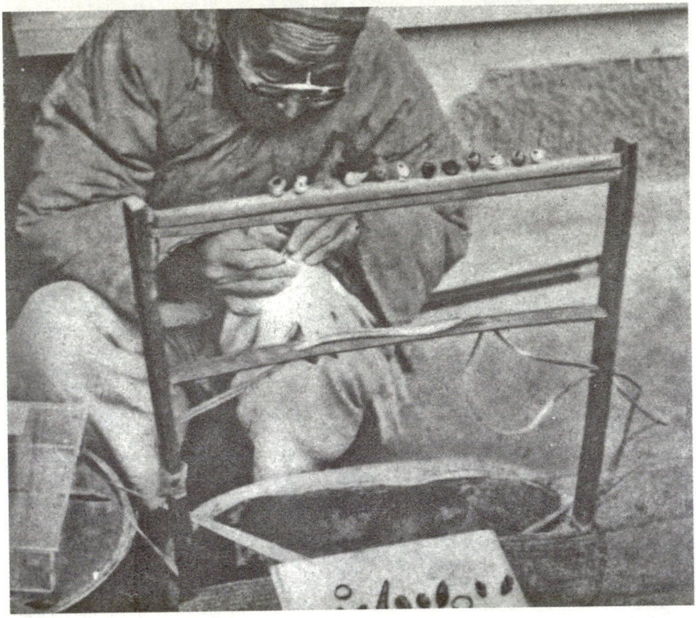

江 米 人

Works of plastic art sold at street corners. The figures representing dramatic characters are entirely made by fingers.

“江米人”亦为北平街头艺人作品之一。制此种手艺者分粗细二类，均用各色之糯米面捏成人物。粗者只能捏制简单较大之人物，供儿童玩弄，其价甚廉。细者则可捏各种旧剧人物，细小精巧，捏得后置玻璃罩内，陈列室中，可经久不坏，价则较贵。图下为卖江米人者之摆摊，图左下为江米人精巧作品之一部，图右下角为捏制者于街头工作时情形。

你进过当铺吗
SOMETHING ABOUT PAWN–SHOP

（杨凤麟摄）

你进过当铺吗？这话并非给你开玩笑，俗语说得好，“有当有赎上等人，有当无赎中等人，无当无赎下等人。”在这不景气的年代，进当铺并不算什么一回事。何况拿东西到当铺去押钱，总比觍颜向人开口借钱强得多。不过此地并非要你当东西，无非请你参观一下他们的内容。在典当事业如此发达的现代，当铺里面的组织总值得看看吧。

A poor man with a parcel in hand, about to step in a pawn-shop for raising a little loan.
当铺是一种高利贷买卖，可是到了没办法的时候，谁还计较得许多呢。这位老先生挟着包袱在当铺前低头叹息的情形，可为千万的贫苦人写照。

Bargaining across the counter.

高柜台的朝奉是握着生杀予夺之权的，无论什么人，站在他面前时，都要变成谦卑，变成渺小。

Pawned-articles are gathered at the end of a business day.

交易既成，即将押物折叠好，可以说是从此侯门深似海，不知要到什么时候，才能重返故主了。

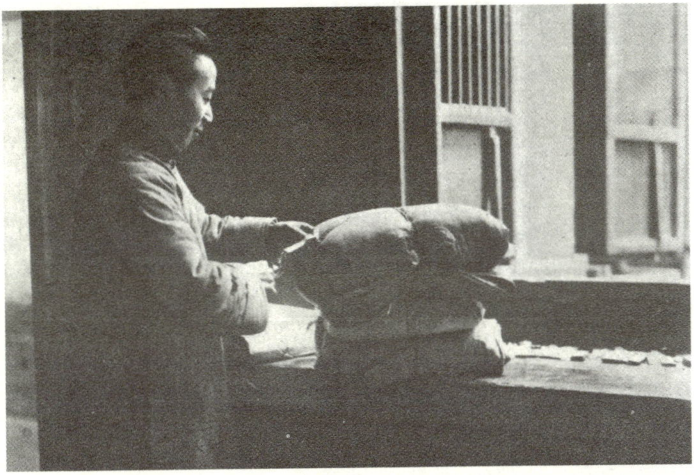

To each parcel is attached a number.
包扎分类，对号挂牌，以便取赎时易于辨认，或者说：满了期时也易于辨认。

The store-room of a pawn shop with shelves where pawned articles, like library books are arranged according to their number.
货楼的一角，衣包都用木架安放，规模宏大的，什么东西都放在自己店里面，规模较小的，那些贵重的押物都另放在别处较安全的地方。

When the debtor has cleared his account, the pawn parcel is to be withdrawn. Here we see a pawnshop book-keeper putting down a record of the transaction.
取当的手续，必先录挂号簿，核记确实，才能原璧归赵。

Picking the right parcel out of thousands.
取赎的东西，按号细查，便可以寻出。

The special sort of calendar board which every pawn-shop uses.

计算月份及满期之大木牌，每月推换一次，字照《千字文》作标准。时光逝水，那些推到“满”字上面的，只好自怜命薄，永不能与故主重聚了。

Cutting wood for the calendar board—the regular duty of a pawn-shop apprentice.

当铺里学徒生活之一，每天须铲制若干木牌。

Pawn-shop apprentices learning book-keeping at night time.

当票的字，是自成一格的。学徒每夜必须秉烛学习那些当铺式的书法。

都会的水源

（陈两宜、张沅恒摄）

吾人日处都会，所用之自来水至为利便，凡有所需，不论洗涤或用作饮料，将龙头一开，水即源源而至，用之不竭，惟于水之来源，多不甚了了。本杂志特派员往闸北水电公司水厂，将自来水之制取方法摄拍刊登，以飨阅者。由此可见一涓一滴之来源，亦颇费心力也。

The entrance to the Chapei Electricity and Waterworks Co., Ltd.

（1）商办闸北水电公司水厂之大门，为国人经营规模较佳之制水所。

The sedimentation basin in which mud of the river water is left to settle.

（2）河水由水管吸入，第一步先使沙泥沉淀。

Huge volume of water flows out of the basin after sedimentation.

（3）水池与水池间之流水槽，经过若干次之流动，始将沙泥清沉于底。

General view of the sedimentation basin, pump house and water tower.
（4）从初步之沉淀过后，再流至二步水池，此时水内粗砂等，已在第一池内沉去。

After sedimentation, water is passed into this house for rapid filter.
（5）经沉淀后之水，再用三层细砂至此室内过滤。

The chlorinator an important instrument for disinfection.

（6）过滤后再放最小量之氯气，放入各水池内消毒，为公共卫生要点。

Washing apparatus for sand filter.

（7）过滤水所用之砂，在用前须先经过此种洗净器内漂洗。

The purity of water is tested every day by expert chemists.

（8）河水含有微菌，每天由化验师将其分析消毒后始可使用。

Power pumps that sent million gallons of water to the city people living miles away.

（9）消毒后用抽水机打入总水量内，以供市民使用。

Water at the end of its journey.
（10）市民食水之储藏所，由高数十尺之水塔而流入用户。

戏剧的后台

BEHIND THE STAGE OF A CHINESE THEATRE

（龚友真摄影、龚啸岚撰文）

舞台的正面，是接受多数人赏鉴的所在，已经被观众认为平凡极了的所在，唯有它的背后——后台，许多人都认为是一个神秘不可思议的地方，什么神秘？不过被一层幕布和几张画片掩障着，天下认为神秘的事，大概都是如此吧！

这是一所旧式剧班的后台，而且是现在最流行的京班后台，当中又有怎样了不得的神秘呢？从这几张照片上看来，也不过是俗话说的——台上有台下也有啊！

谈后台，首先谈不掉这一个传统观念的“老郎神”。旧戏伶人的迷信色彩特别浓厚，等于木匠供鲁班理发匠供

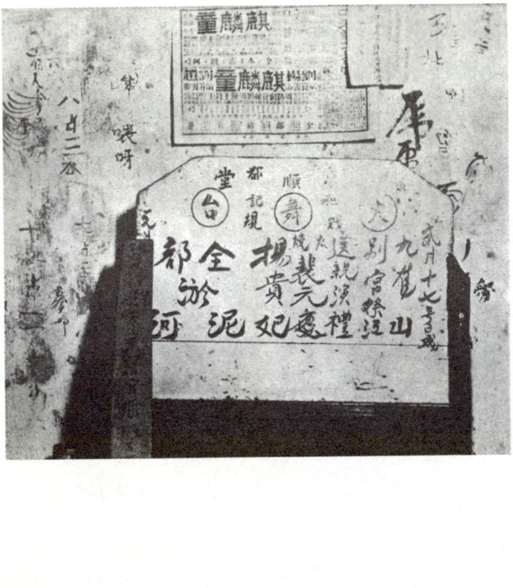

牙笏和戏规，这是后台的公布牌。

后台里的人们供奉着的祖师爷。

罗祖一样，他们也有一个老郎神供，这个老郎神是谁？已经由很多研究旧剧的人讨论过了。有的说是唐明皇，有的说是李后主。……笔者不是一个考据家，可以扔掉那些闲话不谈，我只知道他们供奉的这一群老郎神，是一个不男不女形像的人，头上戴的是凤冠式的帽子，身上穿的又是一件只到膝上的短蟒袍，而且是个大肚皮，脸上又没有胡须，因为世代相传，老郎神都是这一种装束扮相，你要问他们内行（注一）为什么老郎是这样，他们准定翻白眼，不过他们对这尊人首狮身埃及神话般的老郎神，真个奉之若神明，后台上除了对老郎尊重以外，再次就要算关公了，不过固定的塑像，却只有老郎神一尊，内行也不叫老郎神，只叫"祖师爷"。

后台上的信仰，大概如此，后台的纪律，就要算"牙笏"和"戏规"了，每个后台，必有三个领袖，这三个领袖就是总管事（也叫后台经理，这是时兴的名称），文行管事，武行管事，后台经理是总管一切的，非内行不行，文行管事，管生旦净丑各行一切，武行管事，管所有武打的演员（内行术语叫做打英雄）。牙笏就是台上大臣朝王用的象简，后台有什么公告，由后台经理用笔写在牙笏上，那就等于传下一纸命令了。所有人员，无不凛然遵从，戏规是书写每天戏码的，有时戏单子上面的，常有更动，照片上的戏规，是“二月十七号日戏”，有“九龙山”，“别宫祭江”，“送亲演礼”，“火烧裴元庆”，“杨贵妃”，“全部淤泥河”六折戏，那么所有的演员，照秩序演戏，条理井然，不会有什么舛错的。戏规旁边要摆一块牙笏，就是通知什么事了，后台叫做“出牙笏”，没有什么通知大家的事，是不出牙笏的。这照片中的牙笏上面写的是，“通知后台诸位先生管事得知日戏完毕排演清官册文武有事经理具”，这几句话不加以解释，

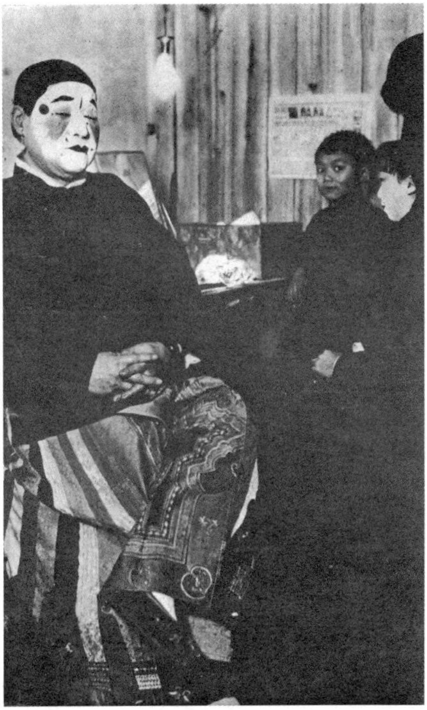

梳头桌子旁边，前面是一个已经妆好了的丑旦，后面是一个脸上涂了粉没有穿戏装的坤角。

彩箱子上的颜料和彩笔，一个老年的小丑正在画上假面孔来准备向人生嘲弄。

是不容易明了的，因为他们既不研究文法，更不管通顺不通顺，多半是习惯语，所谓“诸位先生管事”，就是指文武管事和文武二行的演员，“排演清官册”者，是因为清官册这出戏演全本用的人很多，而且不常演，恐怕生疏了上台出岔子，所以夜晚演的戏，白天还得排一次，“文武有事”，就是再赘赘瘤上一句，文武两行，都有戏的，不要走掉哪。

后台的组织，大概不过如此，再要谈的，就是演员个别的行动了，演员到后台的第一步就是化妆，内行叫化妆是“抹彩”，化妆的地方，叫“梳头桌子”旦角在这儿包头（注二），男角就在这儿扎水纱（注三），要是“开脸”的角儿，更要到“彩箱子”上去开脸，彩箱子就是一个五颜六色的颜料盒子，一切的颜料，都在这地方摆着，小丑的白鼻子，大花脸，五颜六色的脸，都在这个地方，由自己画成，照着镜子一笔一笔的画，决不假手于人，哦，人们的脸上，原来还有一层不自然的色调啊！

化妆以后，进一步的手续就是穿衣服了，一些人物，脸上虽然有颜色，可是还不容易显出他的身份来；什么戏里面扮什么人，大衣箱（注四）上一一为他们理得好好，他们穿将起来，马上王侯将相富贵贫贱都分得清清楚楚，

大衣箱上面忙着装扮，这里便一刹那间分出了王侯将相、富贵贫贱。

大衣箱上理好了的小旗等待做大将武官的演员来穿用。

大衣箱是一切人物改头换面的所在，有钱的人家着锦衣，无钱的人家穿破袍。

不然全后台都是演员，正和洗澡堂里面的顾主一样，一个个都是清白之身体，谁能断定谁是富翁是穷酸呢！

过了大衣箱一道手续，这才算装扮完成了，不过这所谈的都属于普通演员的情形，是大角儿（注五）的话，有的是私房化妆室，有的是私房行头，从上到下，都有人伺候齐备了，他只拿一个人去受他们的伺应，决不梳头桌子跑到彩箱子上，开了脸又往大衣箱上面跑的，虽然他也是一个演员，也要到台上去的，不过在这个地方，却多少有点儿分别，社会上，也有出乎人情之常的事，何况后台？

那些废话可以不用唠叨了，只说大众的事吧，一个演员经过大衣箱以后，就静候出场（注六）了，不过走到台上去，还有用的物件，譬如说大将手里有刀有矛（后台叫枪），有马鞭，老旦手里有拐杖……这些玩意，都在一个地方放着，这地方在上马门（注七）以内，就叫做“旗靶箱”，凡是戏台上用的零碎物件，除了旗帜刀枪之外，如酒壶茶杯笔墨纸砚以至公文草纸之属，一律全有，上场的演员，假使有什么用具，便在这地方拿了。再上场去，一掀开门帘子，一切一切就是普通在戏台上可以看得到的，那个也用不着我来谈了。

这里是五光十色的旗靶箱，除了旗帜和刀枪之外，如酒壶、茶杯、扇子、笔墨等一切俱全，上场的演员需要什么，只需在这里顺手一拿，便掀开帘子走出前台……

现在都谈完了，还有一个地方，也得介绍介绍，这地方就是后台和前台界限着的那一张布景了，布景就是摆在戏台当中的一张画片，有的画的是华丽的客堂，有的画的是巍峨的宫殿，还有郊外，庙宇……这些布景，都是和台面一般大小的画片，用绳子吊在后台的，看了河南人的“西洋镜”，就不用看布景的装置法了，一个后台，必定有不少的布景工人，有一部分在楼上，专门放

布景的绳索，这里是前台与后台的分界。外面就是前台，前台的情景，读者自己买票去看罢。

布景下去，譬如说下面要演“贺后骂殿”，就由这布景工人放一块宫殿的布景下去，瞧瞧那照片上有多少绳子，那一间后台就有多少布景，那还有一个工人，正在做那摆布的工作，他的魔力真不小，大可与旧小说上的“移山倒海”的人相媲美，什么悲欢离合，都是这一张布景在作祟，揭开它，什么也没有了！

后台！宇宙！

莎士比亚说：“宇宙是一个大剧场，人类是剧中的角色！”

（注一）内行是演戏的人称自己的，他们认为不演戏的人，都是外行。

（注二）包头就是青衣花旦梳头的术语，因为那头是用一种水纱包成的。

（注三）水纱是一个很疏的青纱，用水湿过以后，包在头上，男角有了这好戴那重而且硬的戏装帽子，女角好在这上面装成满头的珠翠。

（注四）大衣箱就是装一切戏装的箱子，这上面照例有人照料穿戏装的。

（注五）大角儿是内行称特别的演员，譬如梅兰芳，杨小楼，以至麒麟童，刘筱衡，毛韵珂，只要有点名气的，都算得是角儿。

（注六）出场是指掀开帘子走到台上以后。

（注七）戏台上有两个门，一上一下，那门叫“马门”，上边叫上马门，下边叫下马门。

北平古趣——叶浅予素描
GOOD OLD PEIPING

（叶浅予摄）

The tea-room visitor, always attentive to what other people are talking.
玉壶春茶客。

不用费词，大家都知道北平是老大中国的代表都市，你若对旧的破的陈的朽的东西有相当兴趣，北平便是你最好的消闲地方，那边不论什么都以老牌子居第一位，所以整个北平随你怎么翻花样，总保留着它的封建本色，所以最新的娱乐如电影院子，即使再过十年也比不上吉祥开明等京剧的卖座之盛，娶媳妇或是大出丧的仪杖，只差条辫子而已；古董摊简直比理发店还多，有二百多年的白肉专卖铺，每天卖猪半只，而且只卖上午，你要过了一点钟休想吃得着，掌柜的亮着嗓子对你说“过午不候”，那块牌子真是又老又挺，谁都要去尝一尝早晨吃猪肉的怪癖，苏州人虽讲究吃，可是决赶不上北平人那样尊崇历史。春天，中山公园有的是牡丹，但是一定要奔到外城崇孝寺去，杨梅竹斜街有个玉壶春茶楼，每天下午聚着十几个老头儿谈论本地风光，上自中日交涉，下至妻妾争风，好像整个北平在他们统治之下；有位朋友常到那里窃听他们的高谈阔论，回家写出好文章，他说北平生活之所以耐人寻味，就是这些古老的风趣所交织而成的，奇怪得很，我们对于老东西常常觉得他们无用，但在北平，那就不能没有他们了，你若不信，你去过几天感觉生活。

Who could believe they are sedan chair bearers of 1935.

这班抬花轿的就只差了一条辫子，你决不会相信这是一九三五年。（郑景康摄）

A tea-room philosopher.

玉壶春茶客。

The kind of tea-room visitor who has even something to criticize.
玉壶春茶客。

Road-side jewelry shop.
老旗妇顶喜欢上庙会淘玉器，不过这些玉器也是从她们手头上取来的。（叶浅予摄）

The salesman of a 300 year-old meat shop.
三百年老店白肉铺之掌柜者。

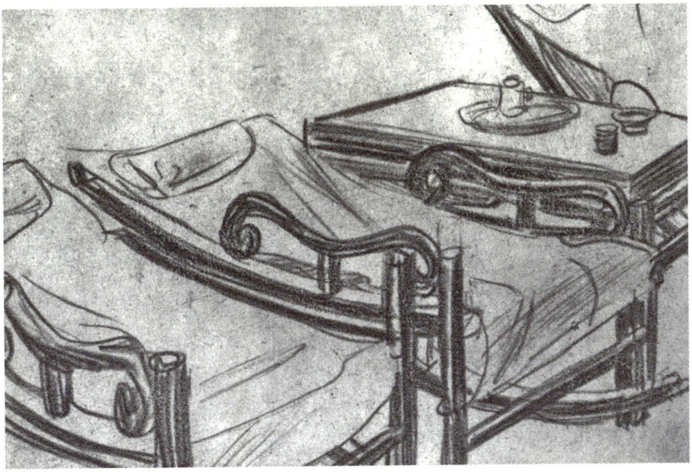

Comfortable chairs in the tea-room of Peiping.
北平玉壶春茶座。

Archers, swordsman, boxers still busy to put on their shows at street corners.

天桥卖武艺的江湖客，看见会令你联想起《三侠五义》等小说的人物。（叶浅予摄）

The old man who's tired of the world of affairs—a tearoom sketch.

玉壶春茶客。

Paper figures on sale at two coppers each.

民间艺术品之一个贩卖者。（郑景康摄）

Nameless actors who have not a line to say on the stage.

京戏可说是活的古董，跑龙套便是康熙花瓶之一。

Incense burners at the gate of an ancient temple.

白云观是北平香火最盛的地方，求签祷福的人们是老道最欢迎的主顾。（程肇民摄）

淘金记
GOLD MINING IN SZECHUEN

（四川省漳腊金矿写真　庄学本摄）

漳腊当岷江之上游，距川边松潘县城西北四十里，重峦叠嶂，素为边防要地。金矿在漳腊城西半里，岷江右岸之山沟中，背枕崇山，地势高出海拔三八六〇公尺，原属西“祈命”部落之地。金矿系砂金，初由当地土人发现，私相采掘，至民元始由官方设金厂管理，征收课金。惟采金方法，仍沿用土法，凿穴挖砂，冲淘等工作悉凭经验，纯以人工出之。砂金多大如谷粒，最大者如砖石，重数十两，冲淘后无须提炼已为纯金，成色为国内金矿之冠，价最昂，金业中名之为漳金。金厂有槽子（矿穴）数百，矿工数千，平均每月产金四五十两。因土法关系，隧道多崩陷，现产金较旺者仅数十穴而已。前兴盛时每月采金数百两，如改以科学方法，产量当更丰富。至岷山一带峡谷中，金矿遍地，仍有待开发也。

金厂鸟瞰

Scene of the gold mining fields at Chonglea, a small city on the bank of the Ming River, Szechuen.

厂在四川漳腊城西半里，岷江右岸山沟中，高山屏后，山阳即为金厂，数千矿工均聚于此。

Lumps of gold ore unearthed.

此为掘出较大之金砂，其巨如拳，由矿穴掘出时均混杂砂土，大小不一，倾以泉水搅成泥浆，经冲淘后始得纯金。

A miner carrying the mined products from the pit.

马尾子（矿工）由矿穴背砂而出。

A mound of gold ore ready for washing.

马尾子由穴背砂出，倾于泉旁以待冲淘。

The entrance to the pit.
亮槽子，为近经改良之矿穴，洞口由上至下均用木料支架以防崩陷。

Gold washing.
淘金——将金砂浆倾木斗中用水冲洗，斗一角凿有小圆孔，淘洗久之金粒即沉淀于小孔内。

The tax collecting station at the mining field.
征收课金处——该地为廿八军防地，设管理处于此。

Miners at work.
穴中有锤手将矿砂掘下，交马尾子背出，此见洞口矿工往来不绝情形。

Mixing gold ore with pure water, a preliminary process in gold washing.
冲淘工作，工人将金砂与水搅成泥浆情形。

禹王苗裔——川边岷山古西羌遗族

LIFE AND MANNERS OF THE CHING ABORIGINES

Descendants of the Great Emperor Yu, now living in Western Szechuan.

在四川岷山间，聚居着一个古称作“西羌”的遗族。据他们自相流传的历史，本是西北高原的“孑拉”民族。若干年前，他们和比邻的“固拉”民族构衅，打败之后，率族南窜，在弥山山中祷告，知道他们民族尚能复兴，流浪三年三月，便卜居于岷山。现在这民族的领域，在岷江及什谷漳河交叉点的周围二百里间，北到茂县的大定，南达汶川的桃关，东迄汶茂交界的萝卜寨，西至理番的堡溪沟。区中都是崇山峻岭，没有十方里的平坝，全族人口约五千，以农耕为业。垦山作梯田，农作以玉蜀黍及麦子为大宗。农闲在山间作商旅或脚夫。民性质朴耐劳。社会制

The lofty watch-towers they built for self-defense.

高碉——羌民聚居之地方，依山建屋，集而成寨，在四周或险要处筑有高数丈至数十丈的碉楼，以资防守。这类碉楼有方及八角两种，三三两两，高插云霄，山野间而具森严的气象。

度，虽有多少变革，但仍多拥领袖，有古部落遗风。风俗言语，已渐汉化。只是考据上仍存“西羌”的名称外，种族分界经日渐消灭了。他们领域内石纽山地方的刳儿坪，即治水的大禹诞生地。《华阳国志》大禹生西羌，相传他们就是禹王的苗裔。

Tea - harvesting — chiefly their women's job.
羌女采药回来。

Where the great Emperor Yu was born. It is said that colored clouds surround the place all year round and that pasturing in its vicinity is still prohibited.
刳儿坪，是大禹的诞生处，在石纽山之巅，有羌民茅舍一二家，传山顶常有五色祥云，向例五里以内不准樵牧。

A lone temple in the mountains—built in honor of the great Emperor Yu—a relic of 3,000 years.

在刳儿坪前有禹王庙，是后人纪念大禹之建筑。

Sewing in the sunshine—the women are able and industrious, and always content with their own way of living.

磨坊前之印象——羌女多勤劳。工作无稍暇，坊中玉麦荞子舂磨之余，常集太阳下作女红，一面唱俚歌为乐。与世无争，生活虽苦而自适。

The monk, who cures his patients with spells instead of medicine, is the only kind of physician of the land.

瑞公——是羌族的僧侣，替人禳解医病等，不啻掌有羌族宗教之权。羌族无文字，此辈经咒均由口传。

The symbol of wide-spread influence of christianity.

羌地虽偏僻，而基督教遍设福音堂于此，外籍教士亲履其地研究羌民心理已垂数十年。

People used to store food on the roof of their huts.
羌民建筑之楼房，上铺平顶，作堆积收获的农产品之用。

Merchants returning from the market after having sold their farm products.
农闲羌民便作商旅，早背农产远道入市，至暮而归。每当夕阳西下，见羌民三两，休歇山径之旁，盖已易货币归来矣。

The new harvest of the year.
屋顶上打新收的玉麦。

The epidemic of 1933 wipe away their cattle. Here we see men taking the place of cows to plough the land.
人耕——民国廿二年间，岷江茂县一带牛瘟流行，耕牛瘟死殆尽。现年秋耕时，羌民多以人代牛拖犁而耕。

古昆夷之遗族——西戎风物
SI–JUNG (TRIBES OF THE WEST)

（庄学本摄）

西戎，在秦汉以前，是一强盛之民族，藏人称之作“嘉戎”，现在散居于川边理番及茂县以西，西康丹巴以东之大小金川两岸，与什谷淖河上游之崇山叠嶂间，即蜀省所称“五屯”“四土”之地，占地万余方里，人口达五万人。除在理番懋功一带戎民业已改土归流外，余仍沿用封建土司制，统治权永属贵族所世袭。阶级观念极深，平民与贵族婚姻不稍紊乱。一般生活，尚为半牧半耕时代，性情诚朴。惟梭磨土司之黑水一部较于旷悍，衣饰及饮食与藏人无大异，文字亦用藏文，语言则自成一系。建筑形式奇异，住所计分三层：下层畜牛羊，中层供住食，上层为佛饰经堂，顶层平坦。收获庄稼时便作农场之用。宗教完全受西藏之影响，红教，黄教，并行其地。尊喇嘛为特殊阶级，凡生有二子者必以一送寺出家。西藏三大寺中戎族占其一，势力与西藏蒙古喇嘛鼎足而三，戎人嗜酒，遇佳节吉期，以饮酒为乐，

Ancient costume appeared for the annual dancing rites.
化装跳舞——大窝庄中之古武士舞。

半酣即男女挽手歌舞，名“跳锅庄”，跳锅庄有大小之别，大锅庄适于欢迎贵宾等，所歌多祝颂之辞，小锅庄适于家庭喜庆，所歌多属男女调情之辞，为该族中特异之风尚。

A family joined by Chinese and Si-jung marriage.
戎汉合璧之家——前清征大金时遗留汉兵，多娶戎妇，彼辈成为同化戎族之先锋，使戎民内向，其功不少。

A 3-story house of the Si-jung.
住屋之形式：计分三层，下畜牛羊，中供食住，上作佛堂，顶则为农场。

How the Si-jung women dress look like.
戎族贵妇之盛装戎族少女装束。

Men and women engaged in primitive dancing.
跳窝庄时舞罢对饮，既酣复舞。

In all celebrations and receptions of guests, the people of Si-jung express themselves wild dancing and singing.
戎俗跳窝庄，男女挽手而舞，复彼此唱和，恒于喜庆或迎贵宾时举行之。

Women dressed up for the customary dancing rites.
戎妇跳窝庄之姿势。

This is the way the Sijung tribesmen take for a drink.
戎人咂酒——酒以青稞酿之，色黑，盛坛中，插以竹枝，多人合吸，并烧水加坛中，随食随灌，至味淡为止。

Modern schools are now established even in the remote part of the country.

西戎之学校——为开化戎民知识，川省松理懋茂汶屯垦督办署特设边民学校于什谷脑以收容戎民儿童，为纯粹之义务教育。

Tribesmen gather for the herb picking season.

戎地盛产药材，每届采药季节，戎人在山间筑药棚，供采药时休憩之用。

山间雅乐——在戎地中，每于月明之夜，或幽溪林荫间，每闻乐声袅袅，清脆可听，盖戎族少女之竹制口琴音也。上为戎女奏琴时之近影。

北平庙会
A DAY IN A PEIPING MARKET

（王小亭摄）

The Peiping Market is a show place for the general public. There one can find amusements, shopping cafes, and hang-outs all to one's likings.

二百多年煊赫的帝业，给时代的洪流卷去，北平这故都，物质方面残留下来的福是那些凄丽的皇宫建筑，像迟暮的美人一般地，每天只守着阳光叹息。而人事方面，二百多年来的帝都生活，把人们插入了习惯于不事生产，由蒙皇恩食天禄而沦为破落户，无论怎样的穷困，却仍旧是公子王孙。所以到如今，他们还是要过着闲逸的生活。北平人有一种逛庙的习惯和兴趣。北平城东西南北的大庙一带都有所谓庙会。这些庙会里陈列着一切供衣食和赏玩的东西，游人永远都是拥挤着的。北平人的闲逸精神，从这里可以充分见到了。图（一）的鸟摊，我们可以想象出北平人每天早上提了鸟笼逛公园上茶馆的情形。图（二）与图（三）都是口腹的买卖场所。图（四）却是些古玩小摆切之类，吃了饭没事做的名士们，就整天在这里徘徊。图（五）是一切佛像财神等的挂图，也是平民艺术的欣赏地。（六）是小吃摆摊前的小客人。（七）（八）是布摊与临时鞋店。（九）是市缠待沽的被缚着的牲口，使人许想起北平的悲哀。（十）是老饕的脸孔，他注意食的研究甚于国家的兴亡。（十一）是包括中外古今的药摊。（十二）

是宿命论的代言人。在这摊前，从前他们是来问婚姻，问行人，而现在，大难临头也不及顾到这些，要向宿命论者探问如何逃避灾劫了。沉沉的古都，当从那以往的生活中觉醒来了吧。

图（一）

图（二）

图（三）

图（四）

图（五）

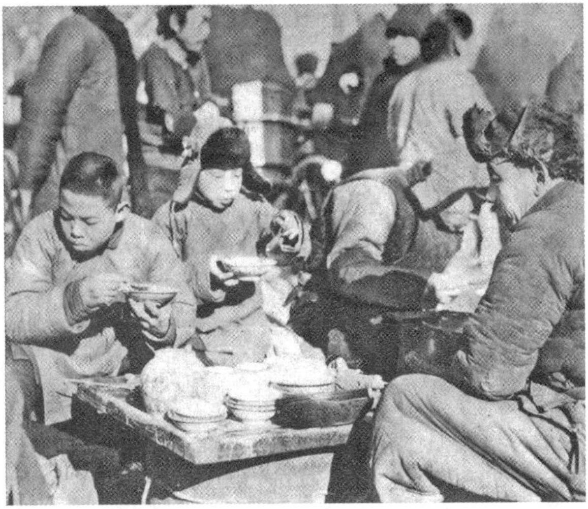

图（六）

图（七）

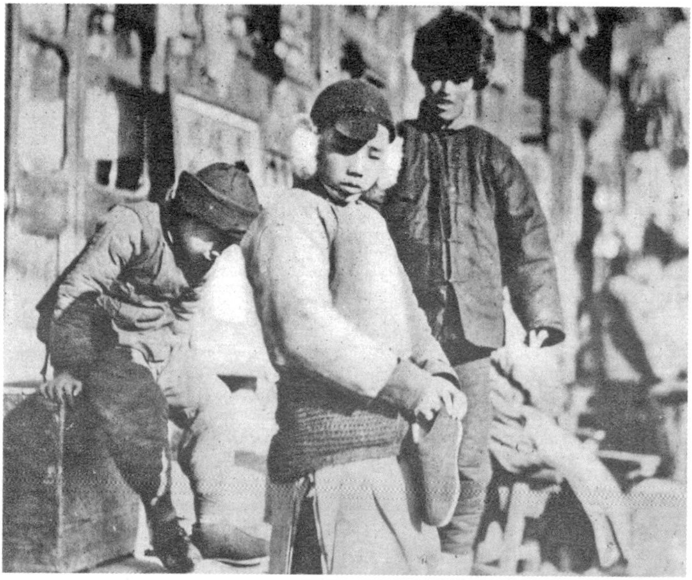

图（八）

图（十）

图（十二）

图（九）

图（十一）

青岛的建筑

SOME OUTSTANDING STRUCTURES IN TSINGTAO

（王子豪摄志）

青岛位于海滨，为胶州湾咽喉，物产丰富，为优良之港埠，亦为国际间交通之要道，气候凉爽，夏日尤宜避暑，外人垂涎非无故也。

自开通商埠以来，仅三十余年，考其史迹，原为一小村庄，初仅渔舟聚集于此，沿海一带皆为泊舟晒网之地，如今之沙子口焉，住民三四百户，十之八九以渔为业，年逾花甲之老翁，尤能记忆当年之情况，不足以市政论也。乃至李鸿章遂派章高元总兵驻青以后，中外人士来青寄居，日见增加，自此日渐兴隆成为小市镇。

一八九七年，德国政府派员来青调查，对于地势面积港口岛屿详细测绘，于地质饮水商业交通农林畜牧渔业道路航路建筑材料等等加以研究，俾供建筑之参考，德人羡慕青岛，处心积虑非一时之事，青市发展之机原，实奠基于是。

自德人占据青岛，迫租成约。一切行政经济权势均掌握于德人之手，以当地每年收入经费，充分开发实业，同时以德国国库补助经费一亿六千二百五十万马克为建设行政之基金，时未历久，工商业日见发展，遂成为商埠。

德人占领以后，一切权力皆集中于建设，考其建筑机关之组织，以工务部为主，内分建筑与筑港两课，上下水道电汽隶属于建筑课，筑港土木隶属于筑港课，至其详细组织，今已无从查考，殊为遗憾。

建筑一项，为当时市政设计中之要务，以建筑性质之前后分别进行，考其时建筑之情况，约分两种，一官厅建筑，一别庄建筑，即所谓公共建筑与住宅建筑是也。其建筑式样，多善利用地势情形，以欧美风为旨，建筑规则之限定亦颇严格，凡住宅建筑之高度以十八公尺为限，楼则限于三层，邻舍中间之距离至少三公尺，有窗方面至少四公尺，至其材料，则注重坚固防火，且一切建筑的方式，依其地之形状，各不相同，此德管时代青市建筑之特征。

德人对于卫生尤为重视，凡建筑周围皆培植树林，当时有农林局之设，专司其事，且沿海一带地质多盐酸，植树不易，曾经长期之苦心试验结果，始得苍翠茂盛，今日建筑区域有此良好之环境，实德人之功绩也。

德人经营建筑之官舍，价值六百万元有余，开关伊始来青寄居者，多为官职，一切别庄建筑，均为国家经营以优待公务人员，至于居民建筑房屋须受官厅限制，顾不易举，故德管时代，民间建筑甚鲜，此其建筑发展之特殊现象。

至日管时代，人口稠密，民间建筑日渐增加，按历年记载，以民国六七八九年之间为最盛。然日人占其大部分，是时日人建筑以工场店铺居多，住宅次之。乃自接收后，国人建筑亦转兴隆。惟不及日管时代，且时代各殊，社会经济日渐沉落，凡建筑之外观固有美在，然其构造内容，已不若德人之坚固矣。

当德人退出青岛时，一切建设计划与工程上之重要测图，均付之炬火，又当日人交还我国时，同样的心理，深恐国人得悉，于是亦埋没或收藏之，经此两次之蹇运，关于主要建筑之情事，至今无法探悉，且公共建筑，多为官产，日人移交时曾订约纳微资租借，历年以来，缺乏修理，若长此以往，德管时代之主要公共建筑，将尽坍墟以致化为乌有。

开辟市镇以来，中外人士羡慕青市商业之兴隆，出资经营建筑颇多，且青市地处海滨，气候调和，尤以夏季避暑之人数多至千万，有资产者，则私建别墅，专供避暑之用，该项建筑结构虽甚简单，然其外观形态，各取心裁，为青岛建筑之中最具备美的条件者。

近年以来，社会经济日趋紧张，对于一切建设均受影响，唯独建筑一项，仍然蒸蒸日上之势，惟时代各异，一切建筑式样，多趋于简素，不若以前善用装饰，就其形态而论，以立体式或几何式居多，此近代建筑与德管时代之特点。

都市建筑之发展，常有畸形状态，唯青市素有普遍性。上至官厅下至平民住所以及公共厕所，其外形无不以美观为主旨，虽德管时代注重官舍，日管时代注重商业建筑，然不过以其时代各异，建筑进行程序有所先后而已，不若他埠建筑发达之参差悬殊。

总之，德管时代为青市建筑之开拓，日管时代则继之以发展，我国接收后又为发展而推广之，以此为青市建筑演进史之概论，想亦不致有所疑义。

A Cathedral, a building showing influence of German Architecture.

福音堂·德管时代建筑。

A modernistic hotel built by Chinese architects.

东海饭店·近年国人建筑。

A Japanese home.
日本式之私人住宅·日管时代建筑。

The Power Company office.
电灯公司办事处·日管时代建筑。

The observatory.
观象台·德管时代名建筑之一。

Public Lavatory.
中山路口之公共厕所·近年国人新建。

The Railway station.
青岛车站·德管时代建筑。

Building by German Artists.
迎宾馆之一隅·德管时代建筑。

西康狩猎记

（杨帝霖）

我们的嗜好又把我们带到人迹稀少的山野去了，去年八月离开了暂时的家乡——上海——到西康的边境去找我们前几次没有猎得的大动物标本。

轮船只能载我们到四川的嘉定，从那里就开始步行，每天平均七十五华里，整整走了十二天，才到达高出海平2500公尺的市镇——打箭炉，在那里安置了大本营。

准备了二十天的食粮，向北五十里的孔玉去行猎。正午时温度达华氏118度，子夜时却低降到冰点。我们在那里活捉了不少的飞禽。离孔玉不远有金线猴 Golden Monkey，它的毛色由金黄深黄而变到雪白色的，一九二八年一个美国的探险队 Kelley-Roosevelt Expedition 才把全世界的第一群猎得带到芝加哥去。我们是多么恳切地去替祖国找全世界的第二群啊！

时间是最宝贵的，尤其是在野外工作的时间，我们出发到贡加大雪山去，途中猎得很多 Blue Sheep 做马塞子和食料，那时马熊 Grizzly Bear 和 Himalayan Black Bear 黑熊均已冬眠，那两种熊早已猎得而那里再没有什么大动物值得寻求的，拾好了行装又向西南几十里无名山谷去找标本。在12000尺高的地方发现了一个很美丽的大湖，未结冰以前那里还有水鸭子，我们在那里猎得野牛 Takin。崖石太凶，林子太密，猎野牛是不容易的。它是半羊半鹿的一种动物，体重总在六百至千斤左右。虽是那么笨重爬

跨上征骑向着伟大的雪山进发，感觉人类渺小得可怜。

穿起隔风衣抵御着每小时八十英里速度的狂风。

起崖子是很灵活的，土人说它专门吃药草如虫草贝母之类，所以很宝贵，它的肉据说吃了可以补养身体。

雪堆积得太厚了，我们常猎山羊作食料，十一月时那么冷的气候——冰点下24度——在结了厚冰的湖面上行走真有趣。旗打湿了一会儿便冰成石片一般，湿了的羊毛袜子脱下来不过几秒钟便能敲得响，煮冰煎雪那种生活只有身临其境的人们才能领会到的。

元旦日我们庆祝得热烈非凡，那天早上没有鞭炮用猎枪及手枪连续地放了25响庆祝民国廿五年的来临。猎了特别多的雪鸡野兔，保留了很久的罐头菠萝，宝贵的麦片，巧克力……在那种地方还盼望什么呢？最后我们还自制冰淇淋。

二月离开了湖，迁到低在五千尺的地方，去看看他们过废历年，赏赏梅桃花。那里的羚羊 Goral 很多，我俩曾一天猎得十二头，但有一次被他们用整山术整住了。据说他们用咒符能使猎者整天不见兽面，纵使看见了也击不中它或击中而得不到手。

一天早上，导猎者和我发现了羚羊的足迹，便跟着追踪，中途遇着一个四十来岁的老男人，叫我们猎得羚羊一定要分一半给他。我们那里有空去和他多讲，不理他而继续追踪，走了三里路，导猎者发现了羚羊在对面山谷距我们约 200 公尺，他再指我仍看不见，后来导猎者将枪架瞄准好，我从准星瞄去果然有一个公羊。我

万尺的云层在下面，露出山峰像海中小岛。

美丽的大湖结了冰可以安然在上面行走。

前进了50公尺，开始射击了，第一二枪不知着弹点在哪里。第三枪射着它肩上，但羊仍在跳跃。当时我有点奇怪，因为在这么短的距离内总不致连小羊也打不中，而且用的是一百八十格连(Grain)的达姆弹呢。第四枪着在后腿上，它倒下了，仍在挣扎。正要给它第五枪，导猎者止住了我，他说别人整了山再打也无用的，叫我先回去，羊在我走后定会落下来。我怎能相信这种无稽之谈呢？击中野牛都能立刻倒下的一百八十格连的达姆弹难道一个七十来斤

防匪的碉堡。

的羚羊也打不下来吗？我等着它再跳，但它却不跳了，用三只脚慢慢地向上爬，我真等得好不耐烦，把第五颗达姆弹换上了一颗空头爆炸弹 Open point expanding bullet 准备最后一枪，它爬了十来尺又停止了在呼号。用望远镜可以看见它已中了三枪，两枪在胸肺之间，皆保可致命的，洞口很大。我一方面可怜它的惨痛，另一方面是感到好奇，瞄准了心房给它最后一枪，它下来了，从百多尺高的崖上落下仍在动。它只余四肢及头尾，我更不忍看，终于用可而脱手枪把它的头打碎才结果了它可怜的性命。回来时又遇着那个人，很惊奇地看着导猎者背着那不成样子的羚羊。它到底为了什么能这样耐命，至今仍有点怀疑，说不定土人真会整山哩。

从此每日必有所获，

作者。

杨帝泽在碉堡防守。

猓猓地方的竹制吊桥。

不是羚羊便是山驴Serow，它是很普遍的兽。大小驴子，是生在八千尺以下山谷的，土人算它为四不像，因为它有羊角驴耳，鹿的身段和牛一般的气力，而四样都不是。那里的猎者都用猎狗去追踪，把它迫到崖之尽头开始和猎狗决斗时才打他的。

最热切要得到就是（Giant Panda） 大熊猫。土人叫它做白熊，现在上海博物院路亚洲文会博物院可以见得到不完全的标本。它不是冬眠的熊类，也不是食肉的猫，是亚洲最稀有的兽，也可说是全世界最宝贵的几种兽之一。大军启行了，向它的家乡去，到猓猓地方去啊！

正是严冬之末，四个16000尺以上的山口都积着厚厚的雪。有些地方齐着颈项，我们要做牲畜的开路先锋。有一座山口化费了我们两天的工夫才爬过了。万尺的云在我们的脚下，上面是明朗中的天空，下面一个个的小山峰露在云上正如大海中的小岛。大雪山脉超过了群峰在我们左边，只离我们约六十英里，但我们已走了十多天了，宇宙是多么大哟！我常感觉得人类渺小得可怜。

踏着深雪替牲口来开路。

下了第四个山口，我们已入猡猡族境内的湾坝地方。抵村前猡猡逃光了，因为前数日他们曾谋杀了一家汉人。现在他们以为我们是来捉拿他们的，费了很多的工夫才把他们找回来，并且由他们口中得了关于白熊的下落。据他们说白熊（即大熊猫）是食铁的动物，在洪坝（距湾坝三日路）曾发现过。那里曾有一个樵夫斫柴用力太大，柴刀斫入树身，回去另找刀斧把刀取下。再返该地时，发现白熊正在嚼那把柴刀。第二次在洪坝发现它跑入人家厨房去把铁锅拿走了，这当然是谎言，但他们真的把它当为神兽。

因为它出现在洪坝几次了，我们便往洪坝去。雨雪交加的第二天我们过了 16500 尺的又一个山口，风速每小

旅途中猎取羚羊作我们的食粮。

川康特产半羊半鹿类的野牛。

时八十英里，雪打在脸上真有点痛，马倒了三匹，隔风衣 Windproof parka 的兜帽打在耳旁的声音急如机关枪，国旗仍在飘扬。

下到 10000 尺的地方开始有竹子了，抵洪坝已入竹林的地域。事情终是这样的，湾坝又听说许久没有发现过，要在洪坝阴谷中才有，我们深恐回到洪，又说这里有，于是决定了自己到洪坝的最深谷去。我们分两批人，三天的食粮已经很够背负了，加上子弹和零碎东西，总有四十斤。帐篷也不带去，每人带了张 Rubber poncho 可以作雨衣也可以作帐顶。细竹开始繁荣，进了阴森的谷到 11000 尺了，再到 12000 尺那些细竹密得蚊子都飞不过。在那里我歇了第一晚，月亮圆得可爱，风也轻松四周皆是雪，一切都是银白色的，多安逸的世界。大自然的寂静不时给雪豹的叫啸打破，我也不停地探探在袋里面的手枪。

清早我已埋在粉雪中，昨夜下了小雪，看看寒暑计已在冰点下 24 度。从热被窝里爬出来是多难舍啊，但正是猎兽的理想气候，在雪上正好跟白熊的踪。四时五十分握着半明的电筒出发，七点钟才在细竹林的深处发现它的足迹。我低着头爬着，像游泳一般地两只手排开密密的竹枝前进，竹叶上的积雪倒下来，我成为雪人了。越追越近了，因为足迹明显得很，再跟上二百多公尺，它像发觉有人在

世界最宝贵而稀有的兽类中的大熊猫。

追它，脚步放得阔了好多。十点钟了，它好像倦得生气，竹子咬断了很多，几次我溜过，那些断竹险些儿将我的眼珠刺破。后来终追到听见它发气叫喊的怪声，我此时只距它十来公尺,但竹是那么密,连前面一尺内也看不见什么。我在竹的当中，万多尺高的地方，空气渐稀薄呼吸渐觉困难，我再不能追了，我已倦到爬都爬不动了，而且已过午时，我还要回营去休息哩。我想向四周放一排乱枪，或许会击中它，但又怕未中而明天它又不知会到那一个山谷去了。终于舍了它回营，归途打了几个青猴。回到营地时忽得到急讯，说明日清晨就要回根据地，因为匪已将大路阻断，现在只余小路，万一连小路都断了那么我们就要很费事地搬运我们的标本了。迫于无奈我只有离开美丽的静谷暂别了大熊猫。我算是战败了，但我不失望，不灰心，我总要再去找它的。

国防线上的戏剧

THE AMATEUR STAGE

群魔·水银灯下　号外新闻·最后一计

Scenes from the four plays by the "Roaring Dramatic Club" of Wuhan, all of which have the timely theme on national defence.

（武汉怒潮剧社复活之演出）

怒潮剧社复活公演

轰动武汉之国防战戏大演出

怒潮来了！怒潮来了！时代的怒潮的澎湃，震撼了我们这古国，击起了前进的鼓声，这民族抗战英勇的未来的场面，正将迅速地映照于我们的眼前！

在这全国总动员声中，戏剧也是其中的一个部门，他肩负的责任更大，他荷载的使命更重。最近在武汉复活的怒潮剧社的公演，激起了万余观众的热血，使我们深深地悟解到我们自己的力量。怒潮同人在精干的冲锋之下，半月内作了两次国防战剧的演出，第一次的剧目是“号外新闻”，剧本系武汉文艺座谈会的集体创作，描写一个汉奸出卖报馆和一批热血人抗战的故事，从敌人的文化侵略，而发挥到政治经济侵略的种种问题，导演是王瑞麟。另外一个是三幕悲剧“群魔”，描写冀东自治区中乡民所受到种种苦难。导演是袁丛美。第二次演出的，除应各界要求重演的“号外新闻”外，是“最后一计”和“水银灯下”。“最后一计”是描写一个被俘而不屈的民族抗战英雄，为了湮灭口供毒死自己儿子的一个伤惨的故事。导演是郑用之。“水银灯下”是田汉编的剧本，导演是袁丛美。两次演出在技巧上是“音”“影”“剧”的联合表现。在效果上是艺术教育与宣传的一元化。观之各项剧照，当可深知。

怒潮剧社是成立于三年前，当时曾旅行公演于赣闽诸省，对中国剧运有过相当的贡献。这次的复活，出自一两位原有的分子，而竟博得极大的欢迎，且为今日国防剧运动大演出之先锋军。

正如该社复活宣言所说：“我们国家民族处在这含愤的今日，为了要自存，所需要的正是群体的熊熊的火焰，和群体的汹涌的怒潮；因为我们如果没有蓬蓬勃勃的民族热情，没有水准一致的认识和修养，那是很难从敌人的险恶中翻转身来的。我们要做到这些，却不能不尽我们所有的教育和宣传的力量来鼓励大众。而所谓能作教育宣传最有力的武器底戏剧，也就不能不更加重视了！所以我们才决心收这已死去的怒潮重新再复活转来。”同时更说：“我们得认定，我们的‘尽我们所尽之力’不是浮嚣的叫嚷，而是在有计划、有决心、有目的地进步，所树立的旗帜飘扬之下，远望那后背蓝天中浮升起的白云，看见那光明的辉芒，不以含忍掩泣为疯狂的自杀，不以今日的褴褛而鄙视了未来的成就，不以侥幸的理想而奇观于命运的回荡，这是我们复活后的怒潮现在和将来要走的路。”

国防戏剧的实践运动，是已在武汉演出前奏曲了！而目前，国防的边疆上正蜿蜒着无尽止的战壕，我们的血流的沟渠正也要伸延到地平线的远极处。大家还不急起直追吗？为了我们这大大的绿色的平原啊！

（争　青）

怒潮剧社公演“群魔”之一幕。饰恶魔者戴浩。下：姚亚影，洪虹，虞静远。

Three figures pictures on the page are characters from "The Monsters."

“群魔”剧里狼狈为奸的三个恶魔。剧员左：汪中西。中：王瑞麟，右：戴浩。

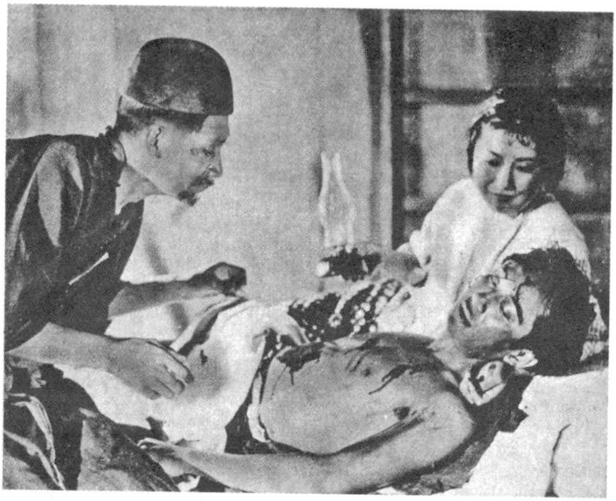

“群魔”之一段，老农说：“什么人害你成了这样？平儿，你快对我说。”

“群魔”另一场面。她说：“什么贩卖军火，私运货物，勾结匪兵，杀人放火，全是你们这般人干的好事。”

“水银灯下”剧中义勇军之抗战。“听！敌人的枪声越响越近了，我们不要等着他们来，我们要冲上前去。”

“水银灯下”场面：左三人为袁丛美，王瑞麟，戴浩。

“水银灯下”场面：拍摄义勇军抗战情形。

“最后一计”之一，马堃（戴浩饰）哀恳道：“爸爸，难道你让他们收拾吗？”马百计（袁丛美）答：“可是我不能做一个叛逆，不能做一个汉奸”。

“最后一计”之二。马百计痛骂包总司令：我省他受苦，这是我最后一计，哈哈，你这汉奸，出卖我们的祖国，可是东北有三千万民众，有几十万的义勇军，总有一天……要……收复……失地……”

“号外新闻”一剧之舞台面。

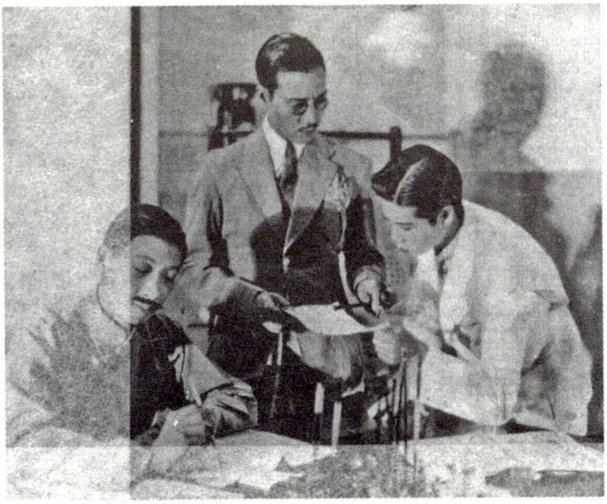

“号外新闻”一幕。

乡村教育
EDUCATING THE VILLAGE CHILDREN

Pictures taken at the An Ting School in Chung Shan, Kwangtung maintained by Mr. Ching Tien-Koo.

国人感于国内文盲之众多，近年乃极力提倡乡村教育。本页各图，为中委程天固氏所创安定学校之写真，该校设于广东中山县安定村，在校学生多为牧牛游闲之孩童，一切皆由学校供给，不收取任何费用。

The students in a group photo, with the An Ting village on the background.
安定学校全体学生合影，及安定村之鸟瞰。

School children, most of whom were little cowboys and shepherds before joining the school, happily running to their classrooms.
来校就学者，多为昔日牧牛小童。

The School building at a glance.
图为安定学校之校园，树木成荫，学生下课时多在此散步。

Inside a classroom.
学生上课时情形。

在炮火中成长的儿童
CHILDREN GROW UP AS WAR GOES ON

Living in this great age, the sweet dreams of China's children have been broken by the booming of cannons and the swish of machine guns, But the education problem of these unfortunate youngsters has been confronting the national government ever since the first shot of the present war was heard. About 37 Children Nurseries have been established for these children in various war zones during the last 20 months. Some of their daily routines are introduced here.

在这大时代中生长着的孩子们，大炮，炸弹，虽然摧毁了他们童年的幸福和快乐，可是在中国的大后方已有着三十七个战时儿童保育院，用每月十多万元的教养费来培养这将近二万多的难童。这些孩子们不但在炮火中长成，还在炮火中受着战时的教养。本文各图，均摄于第一保育院中。

Training watchmen of school today may mean defenders of the country tomorrow.

现在守护校园，将来是捍卫国家的前哨。

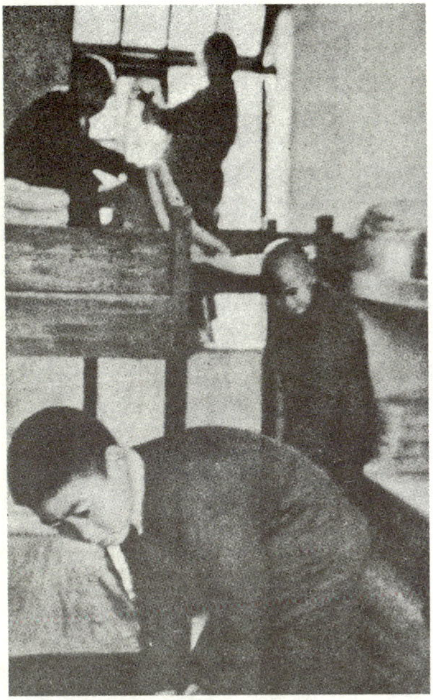

First thing in the morning is to make their own bedding.
每天早晨由学生亲自整理自己的寝室。

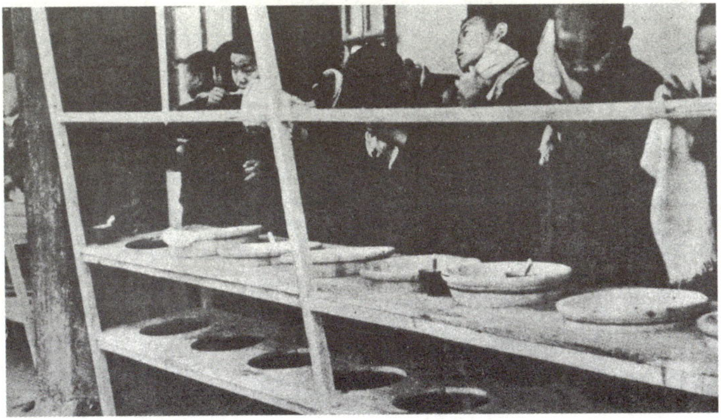

Next routine for these children in nursery is to clean themselves.
在集体生活里养成清洁的习惯。

Pay respect to the hoisting of national flag in the morning.
漱洗后，朝会升旗，全体都向国旗行最敬礼。

After that they sing one or more patriotic songs.
孩子们一起唱：“起来，不愿做奴隶的人们。”

"Resist to the last" are the first words in every class.
抗战到底，每个孩子上课时，都不忘记这句格言。

They set their own tables and wash their own dishes.
课程完了，到膳堂进膳，由年龄较长的女学生管理。

Children enjoying their pastimes.
课后，孩子们自由地游玩着。

Sub-committee holding conference.
有时举行露天小组会议。

Salvation dramatics presented.
有时在操场上表演救亡戏剧。

后方的经济堡垒——中国工业合作运动
INDUSTRIAL COOPERATION FOR CHINA'S NATIONAL DEFENCE

In order to rebuild its industrial base and to absorb all unemployed men and women into productive work the Chinese government has begun to organize a movement for the establishment of Industrial Co-operatives. This movement under the direction of the Ministry of Economic Affairs, has spread rapidly all over China. The above 13 workers who withdrew from Hankow last year formed the backbone of the cotton cord cooperative in Northwest.

工业合作社的组织，是中国抗战进入第二期以后的重要经济措施，六个月来在欧洲工业专家指导之下，已在后方的千百乡村中，获得了意外的成绩，许多难民都重获了生活上的生产地位。图中这十三个男妇老幼，从汉口撤退，流亡了数千里路，现在已在西北的某村中组织了一个药棉纱布合作社，他们不但解决了个人的生活，还替国家完成了一件大事业。

中国抗战两足年后，不但在军事上已从被动地位逐渐地取得了主动地位，国际贸易的平衡，法币价值的维持以及发动了只有六七个月已见意外效果的工业合作运动，已替中国建筑了一座坚强的经济长城，保卫中华民族，使侵略者无法达其目的。其中工业合作运动更已迅速地成为抗战期中重要经济动力之一。

原来成千成万的手工业者和熟练工人，因为他们所在地的沿海口岸都受到了战争的影响，便大量的流落到内地，成为无衣无食的难民。这些人在技术上所受的训练，假如有了严密的组织和必需的设备是可以生产许多有用的东西的。同时为了过去内地所用的日常必需品，都由沿海口岸经河道，铁路，公路而运入；战争爆发后，不但沿海口岸的工厂，十八已毁于炮火，通内地的交通要道，大半也已断绝，于是内地人民的日常必需品感到极度的缺乏。这两种现象便促使政府在重庆成立了工业合作协会总社，由孔祥熙任会长，并得蒋委员长及蒋夫人之赞助，推动工业合作运动，为中国解决三大问题：一，重新奠定中国的实业基础，以保障利权；二，对于数千万流难失所的难民，其中已有某种技术持长的，便尽量利用，没有经验的，便授以工艺，作为他们立业安身之本，且可使国家广植人才，为发展实业之原动力；三，利用中国之天然资源以增进抗战实力。

工业合作运动不但为难民解决了生活问题，使他们加入生产，不依赖慈善性质的施舍来过活，并且使出征军士的家族，也可以因为加入了工合社，而获取生活的资料，同时还能把多余的生产品卖出来，使后方的民众都能达到自给自足的地步。在这一种生产计划之下，除了制造完美的工人和必需的物品以外，并且可以提高民众对于抗战最后胜利的信念。

工合运动创办不过八个月，已有分社五百个，不同的工业五十余种，由中央政府拨款五百万，作为贷款基金，供各地合作社作借款之用，经常费用则由各界热心人士之捐助。现在江西湖南及西北各省，均已有工业合作社，每一社之组织，少者只四五人，最多者不过二百人。湖南省内有一小城，城中有难民约万人，于本年二月间，在十五日内制成伤兵用之棉衣五千件，内衣一万套。在三月份又曾赶制毛巾一万五千条，长袜一万五千对，在五日内全部完成。据发起者的预定计划，在短时期内，将在国内各处筹设合作社三万所，并将创办规模较大之工业。

工业合作社中的技术总顾问是新西兰人艾黎（Rewi Alley），在他最近所作考察山西工合运动的报告中，约略可以看到山西工合运动的成绩，艾黎先生说：

“我们早已考察过窑洞式的工业合作社，所以当我们看到每家人家的门口挂着一个三角式工业合作社商标时，我们并不觉得惊异。在第一个小穴工厂之外，有一辆车上满载着一罐罐的糖果，这个合作社的社长是一个河南女人，她说兵士们爱吃糖拖花生，她的主要顾客是兵士，她的合作社已把开办时借来的债务偿清了。不远处，有一个青年在剪羊毛，是预备制军用毛毡用的，他们完全用手工和驴马推动的梳棉机，没有一部新式的机器帮助他们，但是他们的出品既迅速而又美观，他们对于工作都感到愉快，并且感到他们就是环境的主人。在这个小丘的旁边，有一个合作社是制造医药用的纱布和棉花，另一个地方制造中国新兵佩带的徽章，在一列山穴后面，又有一间制造靴鞋的合作社，他们都是华中的人，最近几个月才逃到山西来的。

“向着城市下山的时光，我们经过一个运输合作社，利用驴马拉着装有汽车轮的货车，将工合的出品运到各地去。这所运输合作社还杂入煤矿合作社和其他工业生产单位，煤矿合作社是属于一群东北难民的，他们以每日出煤五十吨自夸，那里还有两所淘金合作社，他们也很高兴地工作着，另外还见到那些制造烛，帽，制服，台布等合作社，生意都很好。原来当你走入木工合作社的时光，你会听到熟悉的上海方言，他们都是从浦东逃来的。”

“现在铁路不能用了，一切运输都靠小路，所以山村得到新的意义。遇着天旱的时候，就用新的办法来取水，在这样情形之下，有一所机器合作社成立了，但是所用的机器，并非汽油机器，而是用人工去转动的。在同一乡村中关帝庙改为炼铁工厂，将所有的铁，供给机器合作社。”

艾黎先生所报告的虽然只是山西一部的情形，可是现在从福建的山地一直到蒙古的平原，许多工业合作社都已建立起来了，工人训练出来了，堆栈建筑起来了。

There were only 13 members when this co-operative started in a Shansi village. The government supplies them with raw materials and provided them with transportation facility.

这一个药棉纱布组合，一共就是十三个人，他们在一个偏僻的乡村中工作着。政府把资本借给他们，制成的物品，又设法替他们推销。

The scope of industrial co-operative is extremely wide. It includes manufacturing of all daily articles. There is a co-operative for soap making industry in Northwest.

工业合作社的范围，包含甚广，凡是日常需要的物品，都有制造。肥皂是日用必需品，这里就用土法制造，色泽虽没有机制的洁白，但是质料颇佳。

Huts and old temples are usually employed for headquarters of various co-operatives. a wool thread co-operative in Northwest, for example, is housed in a small hut.

织羊毛制军毯的工合社，就在一座简陋的草屋里。每一工合社的人数，由四五人到一二百人。他们分散于荒僻的乡村中，谁都看不出他们是中国新经济大动脉的一支。

Candles in Northwest still considered important in the matter lighting on account of the lack of electricity. The candle-making co-operative in Northwest is formed on that purpose.

蜡烛因为西北各地电灯很少见，所以用途较广。每一工合社的工人中，至少有一二位是生长于城市的熟练技术人员，由他们再去教导农民。

In view of the difficulty of finance, most of the co-operatives are making use of old temples as their headquarters. They are not only saved money but time as well for their members.

这种工合社四散在各处乡村中，除了一部分社址临时建造外，大部都把旧式的房屋改成，关帝庙或私家祠堂都是最理想的厂房。

Mr. Rewi Alley (left), formerly of the Industrial Department of the Shanghai Municipal Council has been engaged as an adviser to the co-operative movement by the Government.

工合社是一个由中央主办的大事业，政府共拨款五百万元，聘请新西兰人艾黎先生任技术总顾问，积极从事工作，图中西人便是艾黎先生。

Leather Goods co-operative in Northwest is another line of industry that Northwest has been established. All the members work together, stay together and share the profit together.

皮革用具。军队中需要极殷，西北就有皮革工合社数十处，工合社的人员对于工作都感到愉快，因为他们没有工头和老板，他们感到他们就是环境的主人。

In the field of transportation in Northwest, local-made carts still occupy an important place. The co-operative in this field provides the urgent need for guerrilas.

有生产，必须有消费，要急速的消费，必须有便利的运输工具，中国后方的公路虽多，但是外货的汽油代价太昂，于是有用旧汽车轮胎装于驴车上的新发明。而制造这种驴车的工业合作社，在西北一带正跟了其他工合社的发达而飞速增进中。

Members of the Printing Co-operative in Chungking putting up their signs. The co-operatives in Chungking area are also under direct control by Ministry of Economic Affairs.

工合社并不限于乡村，后方重要都市也有各种工合的组织，重庆市的印刷工合，正预备开张营业，职员大半是武汉撤退下来的熟练工人。

In the field of transportation in the mountained Shansi co-operative also invades. This profit sharing system in communication serves best to the people especially the peasants.

这种新式的驴车，往来于西北西南的公路，在工合运动的产销关系上，尽了最大的责任。效率虽不及运货汽车，但是运输的费用只及五十分之一。

In addition to carts, a co-operative also established in Northwest to make sampans for inland navigation. Most of the food supplies are depended on this means of transportation.

工合社出品除靠公路运输出品外，内地河道也积极利用，所以制造木船的工合社，随处可见。中国内地农民，对于造船技术都有相当知识，所以工作效果极佳。

The co-operative movement may be new in China comparatively speaking. But their signs are seen all over China. In the above picture the sign is seen in a Hunan town.

工合社的三角商标，经政府于六个月来积极推动后，不但在落后的乡村中随处可见，小市镇的大街上也都挂着三角商标。这就表示“本铺代售工合社的出品”。

There is a clothing store in Northwest operated on a co-operative basis. This, however, may be considered as consumers, co-operative which is somewhat different from I. C.
工合社不但解决了后方的生产，并且对于军队中急需的服装也有了适当的供给，这种服装合作社，遍设于内地各城市，出品数字，极为可观。

这些事实说明中国的一种新的力量已经完成，飞机无法去轰炸，战事发生了，整个工合社可以随处移动。熟练的工人又可以教导农民去使用机器以改良固有的手工业。这种工业的分散制度，领导人们在后方合力筑起坚强的经济堡垒，使日本经济无法侵入，使难民或工人能独立地，快乐地生活在农村中，所以蒋委员长说：“工业合作社是抗战后方的经济堡垒，我们应当努力完成的”。

避难中的上海各大学
HIGH INSTITUTES LEARNING IN SHANGHAI

（穆一龙　焦超摄）

Most of the premises of higher learning in Shanghai have been destroyed by the hostilities in and around Shanghai two years ago. Thus some of the higher learning institutes have been moved to interior to find new cultural center, but some still remain in Shanghai. At present, many of these institutions in Shanghai have found temporary quarters in business buildings and private residences.

八一三后在上海近郊的许多大学，校舍被毁的有光华，复旦，大夏，同济，持志等，校舍被占的有沪江，交大，暨大，大同等，华军西撤后，除一部分迁往内地者外，大部都在特区中另租房屋继续办理，校舍虽简陋，学生求学的精神却比战前更兴奋，因为他们眼看到四周的环境，早已认识怎样才不辜负时代青年的使命。

Since their premises on Chungshan Road had been destroyed, the Great China University, found their temporary quarters at a private house.

中山路上宏伟的校舍被炮火毁坏了，大夏大学的学生，只能在租借的私人住宅里继续上课。

"Wall paper" is popular among students in local universities since good magazines are lacking.

学校刊物也因战事而紧缩了，壁报在持志学院中，吸引了不少的读者，上海学校刊物的编者，一直没有忘记他所负的使命。

The Kwang Hua University employed the premises of the Stock Exchange for their class-rooms and administrative offices. although they have established a branch university at Chengtu.

成都虽有分校，上海光华大学假证券大楼上课，学生近二千人，大西路的校舍，已成灰烬了。

Shanghai Commercial College found a new quarter in the Settlement after their former premises destroyed.

上海商学院的原有校舍在江湾，巍峨的建筑，现在早被炮火所轰毁，借得这样一座洋楼，还算是不幸中之大幸。

Ta Tung University, formerly situated at South Station, is sharing the premises of Kwang Sha Middle School.

原校在南火车站的大同大学，现在慕尔鸣路的光夏中学上课，因为许多大学校舍都在郊外，战事发生后，不得不向在市内的中学暂时去借用了。

Since space in Settlement not allow extension of educational institutes sometime several schoolsave sharing one building.

在特区中继续上课的学校，校舍都是相互借用的，普通一所校舍，必有两三所学校轮流上课，在贵阳已设分校的大夏大学，就和弘毅中学中华补习学校同占静安寺路的一座大住宅。

They have no reception room, and no convocation hall. But they hold the memorial service in open air.

校舍轰毁了，在租界中借一两座洋房上课，当然谈不上有操场和礼堂，但是每逢纪念节日，上海的学生，还不肯忘记举行一个简单而同样严肃的纪念会。

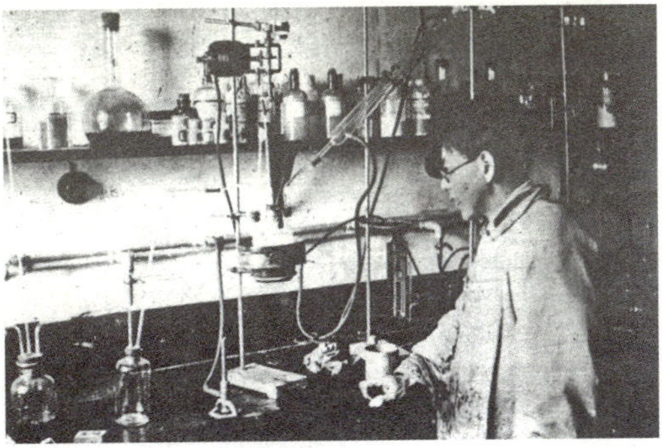

Students enlisted in science courses are compelled to make their research in a simple equipped laboratory.

国家民族已到存亡关头，文科法科的人才，已缓不济急，上海大学校的工科和理科学生便突然增加，实验室设备虽不齐备，学生们却加倍的用功。

Reading room, library, and class-room are founded in the same place. But they seem to be getting used to it.
休息室阅报室和预备室已并在一起，上海学生的物质享受，虽不比战前，但是内地的学生苦况，上海学生还无法推测呢。

Since space in Settlement is so limited by the increase of population, only a few institutes have a playground.
租界内有几所中学校原有操场的，就成为许多学校运动员的唯一乐园了。

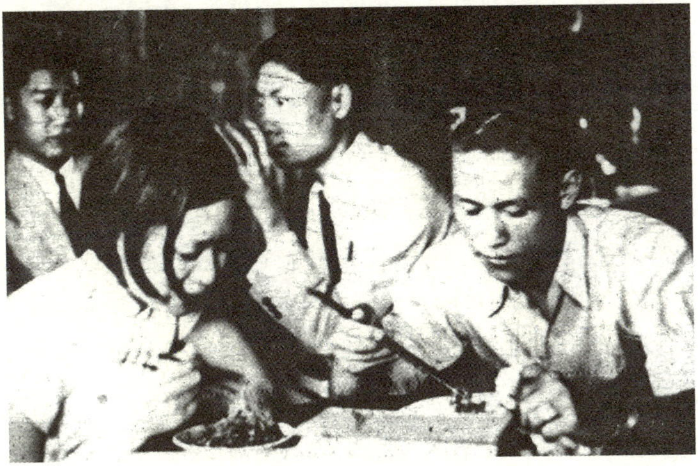

Students are taking their lunches in local restaurants since most of their schools are found down town.

校舍既轰毁，寄宿生当然都变了走读生，于是南京路一带学校林立之区，中饭时的大小菜馆突然增加了一批顾客。

战后之大学教育
EDUCATION GOES INLAND

七七事变后中国大学及中等教育所遭受的损失是不可以数字计的。战前中国共有大学及专门学校 114 所，中等学校 1892 所。据最近的统计，114 所大学校及专门学校中已有 54 所因战事而停办了。自国军退出诸主要城市后，中国的大学，除停办外，只有两条路可走：一条是迁到内地去，一条便是避难到上海的租界或是香港。在所有大学中只有教会大学的燕京，辅仁和协和至今还在日人占领的北平城中上课，而全国大学中尚未遭受战时影响的大学，就只有重庆大学，四川大学，云南大学和华西协和大学四校。

迁往内地的大学，现在分布于五大城市中，即重庆，成都，昆明，汉中及贵阳。教育部主办之二大联合大学中，包含北京师大，北平大学及北洋大学之西北联大，现已自长沙迁到汉中，最近部令改称西北大学而由胡庶华任校长。西南联合大学，便由长沙迁至昆明，这大学包含过去的北京大学，清华大学和南开大学，有学生 1600 人。在昆明的大学除西南联大外，尚有同济大学，国立中山大学，华中大学等。而原是省立的云南大学，现在也已改为国立，学生由 200 人增至 600 人。

在成都，除了有 2000 人的国立四川大学，有 573 人的华西协和大学，有 300 人的光华大学外，假华西协和校舍上课的还有五个大学，就是金陵大学，金陵女大，齐鲁大学，东吴大学生物院和中大医学院。成都大学生的总数是3600人。重庆沙坪坝是南京中央大学的新址，共有学生2700人，有学生五百人的重庆大学也在那里。而离重庆不远的嘉定是武汉大学之所在地。

贵阳有三所医学院和一所从上海迁去的大学。医学院中包含最新组织之国立贵阳医专，湖南雅礼大学医学院及江苏省立医学院。从上海迁去的大夏大学，现有学生500人。

除了上述的五大教育区以外，目前学校最多的地方，要算上海的两特区了。不但原在上海四郊的大学，都迁到租界内上课，好像暨南大学，光华大学，复旦大学，大夏大学，大同大学，持志学院，沪江大学，约翰大学等，在苏州的东吴大学，在杭州的之江大学，也和沪江约翰同租南京路的慈淑大楼合并上课，四校总计入学学生共2900人。而原在广州的岭南大学，现假香港大学校舍上课。

国民政府和各大学当局在抗战二年间，克服了日机轰炸，战事绵延的种种困难，把最高学府分别迁到各安全地带照常上课；日军破坏了五十四所大学和专门学校，使中国在文化教育上的损失几达21700万元之巨，中国的大学教育，依然和中国的军事国防一样的固若金汤，这不得不叹为一种奇迹。而学校因战事关系数度迁延，教员学生还跟了长途奔波，像一九三八年春长沙临时大学为战事所迫迁往昆明时，有300个教员学生，组织了步行队，在六十八天中从长沙走到昆明，这种富有红军长征精神之伟举，在国外舆论界是视作中国新生之象征的。

国外的人对于中国在此抗战期间，依然努力维持大学教育，一方面是钦佩，一方面是惊异。因为在外国，国家遭遇了这样困难，也许早已把所有的学生都送到军队里去了。但是中国的见解却不同，在四万万全人口中，战前大学生的总数，不过四万人至四万五千人，目前的数字，恐怕还不到三万人。这极少数人是将来建设新中国的中心，中国已有足够的人力可以补充军队的缺额，这些学生在政治工作上所能贡献于国家的当十倍于前线的士兵，将来抗战胜利后所需这批大学生在建国工作方面者更大，所以中国教育部长陈立夫说："中国的大学，必得保持他原来的面目，不管有战事或没有战事，课务是必得继续的。"

Even before the war waged in China, Dr. Chang Po-ling, noted Chinese educationalist, had decided to evacuate the Nankai Middle School from Tientsin to Chungking. Thus the Nanyu Middle School was built at the outskirts of Chungking. After their premises in Tientsin were devastated by the Japanese air raids, the students of Nankai continue their studies in this new campus. The picture is taken when Generalissimo is departing from the school after a visit.

八一三前，华北教育家张伯苓氏已鉴于南开大学及南开中学，终有被迫退出天津之一日，故早于四川重庆郊外，另建南渝中学，及南开被日机轰炸，全部学生即迁渝上课，国内外舆论，对于张氏之远见，无不钦佩，图为最近蒋总裁赴该校参观时，由校长张伯苓陪同检阅全体学生之影。

Siapingpa becomes an educational center in Szechuan. since the war, in addition to the Central University, which has been established here since its evacuation from Nanking, the Chungking University also finds its premises in the same campus. The latter institution is the highest educational institute in Szechuan. Generalissimo Chiang recently pays a visit to the University and he is seen here addressing to the students.

已成四川教育中心之沙坪坝，除迁来之中央大学外，重庆大学亦设于是，计有学生五百人，为战前四川全省之最高学府，建筑宏伟，设备周齐，最近蒋总裁曾赴该校参观，并向全体学生训话。

As the head of this university, which is one of many that have moved out to the western hinterland since the war, is Dr. Lo Chia-luen.

中央大学校长罗家伦氏之近影。上海《大美晚报》总主笔高尔德最近赴渝，曾赴新校舍进谒罗氏，此影为高氏所摄。

The Central University of Nanking, like the proverbial phoenix, has arisen again in a different locale. a few miles from Chungking will be sufficient to convince anyone of the undauntable spirit with which 2700 students and over 200 faculty members has overcome every difficulty since its evacuation from Nanking.

国立中央大学，原址在南京城内，八一三战事爆发后，即遭日机轰炸，及国军向西移动，中大遂迁重庆，所携者仅大部重要仪器及图书而已，抵渝后，因无适当校舍，乃在郊外沙坪坝嘉陵江滨，于四十日内建成校舍五十一座，如（上图）今已容有大学生二千七百人。

The Central Military Academy, the chief training camp of China's military leaders, has established many branch institutes at various important centers in the country. The picture is taken at its 6th Branch lnstitute when an official inspection is being held.

中央军事学校为建设中国新陆军之根源地，抗战后，于各处遍设分校，训练后备官佐，图为第六分校检阅情形。

The premises of the National Yunnan University. Students of the university have been rapidly increased because the educational center has been shifted.

已由省立改为国立之云南大学，该校学生已较战前增加数倍。

The National Tungchi University is one of the best known "travelling university".

国立同济大学，为战后大学中迁移地点最多之大学，自江湾而浙江之金华，而江西之赣州，而广西之八步，现在昆明上课。云南大学原属省立大学，战后已改为国立。图为昆明各大学献金时之情形。

All the students in hinterland are receiving military training in one way or another. At times,important personages are invited to give lectures to those young scholars Mr. Vataru Kachi noted Japanese antiwar writer is seen here addressing to the students of Kwangsi Military Academy.

内地中国各大学，所有学生，均受严格之军事训练，且时请名人演讲，鼓励学生之抗战精神，图为日本反侵略作家鹿地亘向广西学生军演讲情形。

The Long Expedition of the 300 students of the Southwest Union College from Changho to Kunming has earned a reputation as that of the "Long March " of the Chinese Reds several years ago. The expedition started on February 22 and ended in April 28. The total distance covered was well over a thousand miles.

西南联合大学学生及教员三百人于该校自长沙迁往昆明时组织长征队，自二月二十日出发步行一千余英里，至四月二十八日到达昆明，途中除四日被迫乘汽船等外，六十八日完全步行。此次长征，学校方面耗资一万八千元，为大学教育内移声中最惊人之举动，可与红军长征比美。

青年的新天地
NEW HEAVEN FOR CHINAS YOUTHS

（吴宝基摄）

While the nation's youths have participated in wartime work on their own initiative during the past two years, the government also avails itself of the opportunity to organize them on a nation-wide scale, that is, the establishment of the San Min Chu I Youth Corps. Their activities are partly introduced in these pages.

They are not doing exercises with their hoes but after helping the local peasants in the field.

热血沸灼着每一个青年，大家荷着锄头来实践“生产救国”的口号，这是“中国童子军生产训练班”中一小组的活动片段，他们早已浸润在大自然的氛围中了。

She cooks for the corps.

亲自烹调，一切衣食住行都利用自己的体力与脑力过着合群的生活。

They are putting up their temporary class-rooms with their available materials-bamboo.

满山遍野中随处可搭起架子来建筑最合理想的课室与宿舍，只要我们有毅力去苦干着。

These boy scouts with regular uniforms, and straw-shoes response the call of gathering.

一切起居作业，都按着敌人的一片弹片上所发出的响声进行着，把弹片替代铜钟，这是含有多么的深意！

These two girl guards are busy themselves in harvesting the crop for the peasants.

天佑吾民，遍地丰收的后方，男女青年便帮助着一切善良的农民收割农作物。

Three hours "spiritual talks", every morning form the regular training of the youths in collective life.

每天三小时的精神讲话是充实青年们智力的基本训练之一，目的是要增强抗战必胜的信念。

The Summer Camps of the San Min Chu I Youth Corps provide many recreation programs for their members including swimming.

三民主义青年团夏令营的团员，都有健全身心，他们和她们在清溪水波里表示着中国新青年的充分活力，王加维小姐（上）便是代表之一。

Climbing the barriers is one of the physical training.

健全的精神寓于健全的身体。

Bicycle-riding in collective training every morning.

沿着公路作自行车练习是标准的全能运动。

The youths camps set up everywhere at outskirts of a city.

无情的炮火轰毁了他们的校舍，然而，在苍翠的郁林中他们又迅速地创造了更簇新的天地。

One of the military trainings for the youths.
军事教官指导他们如何做“野外搜索”以获得普遍的国民军训。

These songbirds sing the patriotic songs for the masses.
希望之神在天空中指挥着她们歌唱，要她们唱遍大地，来牢信着抗战必胜和建国必成的铁律。

彷徨，徘徊，充满在战前的某一些青年们的心里，可是，这些颓唐的毒菌现在早被七七的烽火所连根拔起；这东方古国民族的未来命运已落在第二代国民的肩上，不但要他们支持这无限的重担去抵抗一切侵略的暴力，还要负责创造未来的新国家。蒋委员长曾经一再昭示我们："青年是国家未来的主人翁，要以天下为己任，救国救民为职志……"这里，我们用确切的事实——在后方一些青年团体活动的照片——来帮助读者获得些关于战后新生青年的一些实际生活状况的知识。

国难时期中我们是否只需如过去般在教室中受呆板的公式教育，这问题已被动荡中的大时代所根本否定。为了适应这时代，青年们必得用各种活动来弥补那机械的生活，而另辟簇新的天地，现在在后方的青年团体，他们已有三个显著的特征，第一：青年们已经开始和阳光，空气，相博斗，他们一大半的生活，都花费在郊野中，所以大寒大暑不停止他们的活动，狂风暴雨更锻炼了他们的勇气。第二：过去局限于城市的青年们，因为限于眼界便无从想象世上的锦绣河山，可是目前的青年团体在广袤的山野间亲自搭盖起的校舍中，不但可以反映自然的伟大和本身的渺小，他们活跃于山林水畔，更可以获得许多取之不尽，用之不竭的实验材料。第三，在闭塞的农村中，突然来了许多新青年团体，一方面可以教育知识浅陋和不脱封建色彩的农民，而青年们也可以体验农民的真实生活。这些，我们将感谢敌人无情的炮火，才驱使中国的青年转入了一个新的阶段。

许多活跃于大自然中的青年们的生活照片里，我们只能留出一部分篇幅来刊载；他们活泼而饱满的脸部上充分表现了新青年健全的身心，这里，一共包含中国童子军生产训练班，三民主义青年团夏令营，和浙江青年营的三个集团的材料，中国童子军生产训练班是由中国童子军总会所主持下的一个专以收容战区失学青年，谋施以适当的战时教育和生产技术的集团，他们在某地有农场数百亩，正在创立一块新天地；三民主义青年团夏令营是为了符合健全的人格必需寓于健全的身心中的原则而设置的，青年团夏令营不单作体力的活动，而且每天至少有三小时以上的精神讲话。浙江省青年营是要使邻近东南战区的青年在炮火炸弹中训练成未来的保国卫士，所以国民战时常识是为一切训练的中心。至于中国童子军生产训练班是以二年为期，结业后得视需要再由中国童子军总会派赴各处实地工作，或再求深造，浙江省青年营是以六个月为期，三民主义青年团夏令营当然是限于暑假的一个较短期的组织。

我们在报道着这一批青年团体时，我们必须得检讨一下这些青年团体处在这伟大神圣的抗战的期中，所欲明了的自身的任务，那末，几乎是全国青年运动总汇的三民主义青年团，当蒋委员长在该团组织时，在一篇《告全国青年书》里指示得最详尽，他的大要是：先指出当国家民族生死存亡所系的时期中而组织这集团，是表示青年才堪任革命的先锋，而目前欲完成抗战建国之艰难事业，自必更有赖于全国青年之一致团结，共同努力以赴之，始克有成。三民主义青年团的产生，第一是将以前旧时代殖民地式青年生活与习惯彻底改革，以遵从纪律，严格训练，矫正旧日之恶习，而培植现时代之新国民，与自强的新生活，借使充实无穷深厚之国家力量。第二，中国今日之所以作育青年者只有以“一个国家，一个主义，一个努力方向”而训导青年，使“亲爱精神，团结御侮”，不但目前可因众志成城之伟力，攘暴寇而护国族，即在百世之后，亦必保障我大中华民族。第三，总理既创三民主义为救国救民之唯一途径，则欲使青年以奉行三民主义而为国家社会及一般民众模范，唯有在三民主义的和平体系中，严格训练与组织青年，才能使三民主义之具体实现。蒋委员长对于三民主义青年团的特殊任务，曾指出第一使青年必需积极参加战时动员，第二，在抗战过程中，青年皆须受严格的军事训练，第三，使青年具有建设三民主义国家所极需要之政治素养，第四，便青年协助政府推行扫除文盲工作借使促进文化建设，第五，青年必须体会总理“人生以服务为同的”而切实自动的在每周至少有十小时以上的生产劳动。第六，缜密训练一切生产技艺来协助一般青年之科学修养，使学能致用。

在这伟大的时代，新的天地里，第二代的国民将使东方古国成为现代最强盛的国家！

延安的文化活动
ACTIVITIES OF INTELLIGENTSIA IN YENAN

（韩树功摄）

延安的各种文化活动现在已在积极进行中，当地物质条件虽极困难，可是文化工作人员，并不因之而气馁。这里所刊新从那边寄来的照片里，我们可以看到那边不但已有报馆，学校，而且边区小学中实行的小先生制度，也已获得美满的成绩，足供全国各地教育家作为参考。

The inauguration meeting of the Yenan branch of the Young Chinese Journalists Society under the auspices of the Emancipation.

青年记者学会是在重庆组织的新闻工作者的唯一集团，全国各地，均有分会，由解放报社发起的延安分会，最近已宣告成立，图为成立会开会之影。

The Emancipation is a mouth-piece of the people in Yenan, head-quarters of the 8th Route Army. with a comparatively short history the paper occupies an important place among the contemporaries.

延安的《解放报》是当地人民的喉舌，印刷纸张，因为交通运输的不便，不能与都市大报可比，但是对于报道消息，极为称职，图为报社门口之紧要电讯布白板。

The composing room of the Emancipation is in charge by Several skillful workers.

解放报社的排字房，由几个熟练工人工作着，各种铜模，设备尚称齐全。

The club-house of the staffs of the Emancipation provides numerous amusements for its members.

报社同人，另有俱乐部之组织，内有各种娱乐设备，供社员工作后之消遣。

Students of the "Resisting Japan" Academy at Yenan taking an open-air mass.

抗日大学学生的物质生活之清苦，非都市学生所可想象，图中学生，正进午餐，因当地缺乏桌椅，故大半均席地而食。

General Ho Lung, division commander of the 8th Route Army, addressing the students.

贺龙将军自前线返延后，特赴抗大演讲前线战况，激励学生抗战情绪。

Students of the Academy bear the firewoods from a forest about 10 miles from Yenan.

延安学生，大都半工半读，校中需用燃料，均由学生前往离城十里处之森林中采樵，背负返城。

These are the cave-dormitories of the Lushun Arts Academy at Yenan.

鲁迅艺术学院的校舍，均筑于山麓窑洞中，其设备虽极简陋，然不虞空袭危险。

Mr. Mao Tseh-tung with the students.

毛泽东将军曾赴抗大演说，图为会后与该学生谈话之影。

When a mass meeting is convened at Yenan every student of the Academy brings his own bench.

举行全体大会时，抗大学生，均人手一凳共赴广场开会。

Students in Yenan often give public lectures to the villagers in the near-by towns.

延安学生，时赴近郊村镇，作化装演讲，激励民众爱国热忱。

Even a five-year old school-boy let his voice be heard among a big crowd of his senior.

延安实行小先生制，所有边区小学，均由学生自任教师，图中之歌唱班。由一五岁儿童领导。

Every child has his turn to lecture to the group. They are doing fine without any assistance.

延安之边区小学，图中每个小学生，都是一个小先生。

Two of the girl students of the Academy.

两个抗大女学生，她们放弃了都市的繁华生活，到这边区来领受新女性的训练。

赛金花搬上舞台
“SAI KING HUA” ON STAGE

（秦泰来摄）

谁都知道赛金花是在书寓门口所标榜的一个娼妓的芳名，她原是苏州城内的小家碧玉，依据江南习俗，凡女孩子喜欢吃红苋菜加猪油拌饭的状元饭，将来必定要下嫁状元，这位小女孩果然在十四岁时就嫁得了状元洪钧，而且不久随夫出使欧洲，虽然她认识洪状元时，早一年已堕入平康了。

在国外度着两年华贵的外交官生活，回国后好景不长，在二十岁的时光，就做了寡妇，并且被摒于状元的宦府之外。迫不得已，便在翌年回上海重张艳帜，因而结识了当时的许多名士，及后又转辗而至平津等地。

义和团作乱，正巧是她廿七岁。洋兵冲入北平城，势如潮涌，当时烧杀奸淫无法制止，幸而当时德军统帅瓦德西爱上了赛金花，在她敦劝之下，使数十万平民重睹天日，由此而深获北平居民的爱戴。此后她由北平，天津，再到上海，十多年来依然度着卖笑生涯。

当四十五岁时她又再度下嫁魏斯灵于上海，那知命运多舛，从良不到五载，魏又病逝，赛金花既不容于魏的家属，便独个儿带了一位女仆蜗居

在北平的天桥附近，隔了不久，在那破陋阴暗的卧室里，便呼吸了她最后的一口气。身后一无长物，只剩得追随数十年的一位女仆。

熊佛西氏用了“帮助人家，反被人家所摒弃”的基点写下了这出四幕的历史剧，在最后一幕以穷愁潦倒的场面引得了观众对赛金花的无限同情，是近代戏剧界难得的佳作，最近在孤岛上又由上海剧艺社再度演出。

A fading beauty:"Sai King Hua" at her sixty.

美人迟暮的赛二爷，本图系六十二岁时所摄。

赛金花的卧室。

Her signature and card.

赛金花的亲笔签名和她的卡片。

In the first act, Sai King Hua said "I'll sing a song for you."
赛金花第一幕；赛：老三，现在请把胡琴拉起来，我要侍候各位大人唱一段“贵妃醉酒”。

In the second act, Mr.Tsao said："Your imitation is so good."
赛金花第二幕；邹玉爷：老三，你学几句叫天真学得像！

Miss Lan Lan, noted actress, as "Sai King Hua."

蓝兰饰的赛金花。

In the third act when the time was ripe for her to flee away.

赛金花第三幕　看守说：到时候啦！该去啦！

In the fourth act, she said "I seem to hear the roaring of guns."

赛金花第四幕　赛：我仿佛听见炮声！

春礼在重庆
CAMPAIGNS IN CHUNGKING AND KUNMING

（中央社邝光摄）

A campaign to collect funds for presents to the Chinese soldiers on the occasion of the Chinese New Year was launched in Chungking on February 10. The inaugural ceremony was held at the recreation ground.

战时首都之重庆，于二月十日举行各界春礼劳军运动，除分设献金台五处外，开会仪式在川师体育场举行，大会开幕时，由中央社会部部长谷正纲致词。

More than 100,000 attended the meeting, following which they flocked to the collecting platforms to contribute to the worthy cause.

是日参加群众不下数十万人，盛况空前，工商界咸纷组送礼队献金队劳军队等，无不争先恐后，就近向各献金台致送礼品及代金。

In addition to $500,000 in cash, donations in kinds poured into the collection center. Pictured are the bundles of towels for the soldiers.

此次所收礼物，除现金达五十余万之外，余者多系前方将士所亟须之日用品，图示两路口堆满于献金台前之慰劳品。

The youngsters readily contributed their allowances, which, according to the old custom, are always given the children by their elders on the new year holidays.

俗例废历新年中儿童各得压岁钱，此次各献金台上，爱国儿童特多，盖无不竞献压岁钱以劳前线之勇士也。

Persons of all walks of life contributed, including the rickshow pullers, coolies, hawker and Japanese war prisoners who are members of the Anti-War Alliance.

有钱出钱，有力出力，重庆劳力分子，如人力车夫，菜贩等竞以汗血所得，贡献国家，其感人至深，无过于此。有一老者，手捧毛巾一大扎，呈献于前方将士，日本俘虏所组之反战同盟盟友，亦踊跃解囊亲献代金，以慰劳前线浴血抗战之忠勇将士。

平卖面粉
CHEAPER FLOUR FOR THE POOR

（De Paul 焦超摄）

The cost of living trebled in Shanghai recently as compared with that of the pre-war days. Rice sold over $50 per picul for the inferior grade while flour was priced at $15 per bag. To relieve the poorer, a cheap sale of flour was held under the auspices of the flour mills and public organizations at $10 per bag.

上海租界上的生活程度，已较战前增高三倍以上，商品籼米每石五十元，面粉每袋十五元余，上海各机关鉴于平民生活之困苦，遂联合各面粉制造厂发起平价，每袋减收十元，各人限购一袋，全市平民趋之若鹜，受福不浅。

Big crowds struggled to get the cheaper flour.
面粉举行平卖后，升斗贫民，争先恐后拥挤之状，令人视之酸鼻。

After some confusion, the buyers were made to form a long queue.
最初发售平卖面粉秩序甚为混乱，及后由租界警务当局协力维持，顺次而进，秩序遂佳。

Most of the flour shops conducted business behind iron grills as a precaution against riots.

上海面粉铺为避免不测计，均紧闭铁栅，另辟小门交款代货，并由租界巡捕在旁维持秩序。

The buyers first bought the tickets with which to exchange for the coveted bags. The man in the middle of the mob was selling the tickets.

凡购面粉者必先付款购票，然后凭票取货，图中戴帽者为售票员。

Finally they got their shares and carried their bags home.

购得面粉后，肩负而归，或可供家中老小之数日饱食矣。

情感教育——儿童教材第一课

WAR—TIME EDUCATION IN CHINA

In war-time China, the young generation is not taught to hate the Japanese but love its nation. Here a boy is pictured saluting the national flag.

你在这一面神圣的国旗的庇荫下，得到自由，得到幸福，它代表着中国五千年文明的光彩，它领导着四万万五千万人的前进，你要用你的智慧，你的能力，你的灵魂，你的热血贡献于它，使它光荣地永久飘扬在地球之上。

Going to school.

全世界有和你同样的几千万个小朋友都夹着书包上学去，这无量数的小朋友是一支为人类文明而奋斗的先锋队，你就是这军队里的一员，你不要对功课发生厌倦，正如你不肯做一个孱弱的士兵一样。

Sharing a book.

同学是朋友中最亲切的一个名词，你们从此要同在一个学校里念书，你们从此最少要共处一年，大家要亲爱，要团结，学业的进步不单在个人用功，还要依靠同学们的互相砥砺。

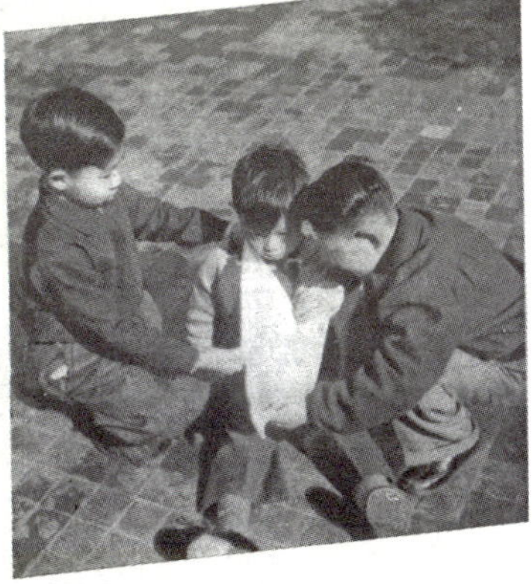

Helping the schoolmate.

一个小朋友跌痛了，你应该马上去救护他，正如你自己受了痛苦而需要别人安慰一样，人类是应当互助的，济弱扶贫，乃是人类的天职。

Geography is taught by comparing the map with the latest war news, in addition to the text-books.

你的父母是中国人，你血管里交流着的是中国人的血，你祖先的坟墓在中国，你自己生长在中国，中国给予你物质精神上的享受，所以你要爱护中国，要负起保护中国版图的完整的责任。

Chatting with soldlers.

守土卫国的士兵们，是最值得你们爱戴的，他们为保卫国土抵御外侮而流血，受着国家最低的俸禄而肩起最大的责任，中国未来幸福的苗芽，是由他们流在战场上的血液所灌溉而滋长的。

Respecting the teacher.

教师是你们精神上的父母，他们立在社会的背后，以轻微的代价为抚育你们知识的发达而劳动，他们牺牲了自己的事业，把宝贵的光阴来实施教化的重任，所以教师是最值得敬爱的。

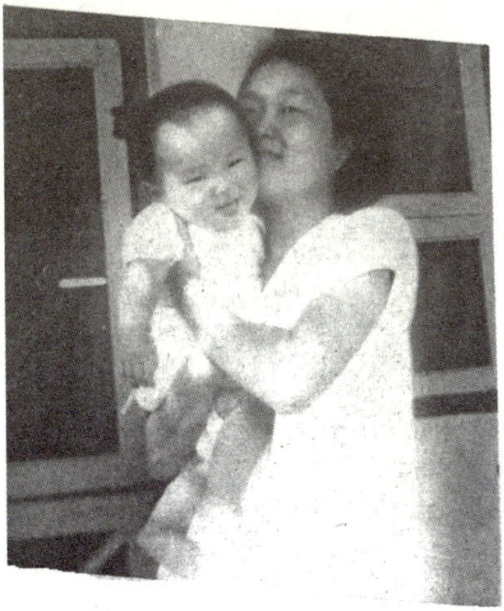

"Honor thy mother!"

亲子之爱是人世间最神圣最伟大的东西，你由母亲的怀里孕育，你由母亲的抚育长大，她是你痛苦的安慰，她是你幸福的泉源，如果你不敬爱你的母亲，你将终身受到良心的责备。

生力军——手车队
HAND-CART

（吴宝基）

队长支上尉薪，首先成立一二两队，以后三辆五辆以至十辆二十辆不断的零星报到的车辆，编为第三队，跟着，缙云县的车夫也派代表到永康来，请求当局把他们编队，在一个月时间里，在缙云成立了第四，第五，第六，第七四队，两县的车辆，合起来这时已有一千二百三十二辆了，虽有这么多数量的车辆，但还是求过于供，所以后来又在金华成立第一独立队，丽水成立第二独立分队，直辖于省交通处。

跟着，商运的货物一天一天的拥挤起来，当局为使土产畅运，另由公路局出资购办手车二千辆，挑选难民编队，参加金丽线的商运，从此手车队，就有所谓交通处的民有车队和公路局的难民车队之分了。

手车队自从承运商货以来，单就由永康运到丽水的出口货来说，九个月的统计数字是二千四百四十二万二千二百十二斤，这里面以有关国际贸易的茶，桐油占大多数，在这九个月中，由丽水运进来的货物，当然也有这么多。

金丽线上加上了大量的难民手车运输力，还是同样地感到不够应付，所以后来又成立了五个中队，更为着要担负抢运食盐，和皖赣二省丝茶的任务，在永康，缙县，诸暨等县先后再成立六，七，八三个大队，手车运输的发展，简直如狂风怒潮前进着，自民国二十七年一月开始成立，由二百五十六辆至五百二十一辆；一千二百三十二辆，二千九百五十二辆，三千八百三十二辆，一直到目前为止，总数将近七千辆，然而，事实上车辆还是闹着求过于供的恐慌状态。

这永不会抛锚的运输工具——手车队。他在战时的中国立下了伟大的劳绩!

Consuming no gasoline, the hand-carts are cheap to operate and maintain. They may be repaired easily, by the pullers themselves.
手车构造简单，无需汽油等燃料，即遇半途损坏，亦可随时迅速修复。

滇缅滇越虽被封锁，中国军火已能自给自足
CHINA ARMING HERSELF AS JAPAN DEMANDS ARMS ROUTE CLOSURE

（本志特约记者王小亭专稿）

成为自由中国在西南方面重要国际通路的滇越路和滇缅路，因为英法政府徇从日方的请求而实行封锁了。滇越路的封锁，因为法国战败投降，整个国家都难于自保，对于日本的屈服，还算情有可原。但是素以反抗侵略者自称的丘吉尔政府，自毁在国际联盟的约言，而在德国将用闪电战术进攻英伦前夕，在远东软化于日本高度压力之下，中国朝野，对于英国此举，是深表扼腕的。

在主张封锁中国西南国际路线的日本，以为此举实行，中国军火即有断绝之虞，而中日战事，亦可早日结束，此后便可乘机向南太平洋活动，去设法完成它最美丽的幻梦。可是事实上，不但中国西北国际通道，依然通行无阻，沿海口岸还有不少暗道直达自由中国，即以军火而言，中国也已完成了自给自足的制度。

经济部长翁文灏曾言，“在战前，中国并无重工业，而此时内地各省，均已树立重工业之基础，中国现在虽仍输入特殊军器，然已充分自造各种军器及军火。”本志特派员王小亭君最近在四川某地所摄中国某军火厂制造军火的过程，更证实了翁部长的话。像这里所刊的军火厂，遍设内地各省，据说总数在一千所以上。

滇越路封锁后，日本已向越南提出更大要求，颇有攫此殖民地为已有之危险，而东京大捕英侨，更是英国应允

封锁滇缅路后自然的结果。倒是中国的当局，因为一切均有准备，资源丰富，军器充足，抗战决心，并不因此而削弱。同时美国总统罗斯福已下令禁止油类及废铁赴日，据说这是美国反封滇缅路封锁后最有力的援华表示。

Dozens of arsenals all over China are turning out thousands of machine-guns monthly.

中国抗战三年以来，对军火之自给政策，推进不遗余力，设备完善之小型兵工厂，现已遍设西南西北各省。轻军器如步枪机关枪迫击炮等，均能充分自给，图为四川某兵工厂出品之迫击炮，正由技工装配检定。

A "forest" of modern rifles manufactured for Chinese by Chinese.

四川某地兵工厂自造之新式步枪，每月产量约一万五千枝，图中技师正在作最后检定，以备运赴前线。

从矿砂炼成钢铁

An almost inexhaustible supply of iron ore is at the disposal of the Chinese munitions works. Here workers are loading a light railway coach.

大量铁砂正由某地矿区用轻便铁道载运至炼钢厂，准备锻炼成铁，用以制造军火。

Tons of pig iron are forwarded to the iron works everyday.

每月有千万吨生铁由矿区用土法加以初步提炼，再行运至各地炼钢厂中。

In the iron works, the ore is made into steel.

铁砂及生铁运至炼钢厂后，第一步手续用熔铁炉提去杂质。

Picture shows a huge hammer.

提去杂质后之纯铁用自动铁锤锤炼成钢。

The steel is then distributed to the munitions works.

锻成之纯钢，用碾压机辗成钢条钢块后，运往各兵工厂备用。

从钢铁造成军器

Dozens of arsenals all over China are turning out thousands.
某地兵工厂中，工人正忙于制造机关枪，堆叠地上者，为尚未完成之枪管及配件。

Workers are busy turning out parts for the machine-guns.
每架机枪，系以一百余种零件配合而成，其制造程序，系用分工合作制，效率极高。

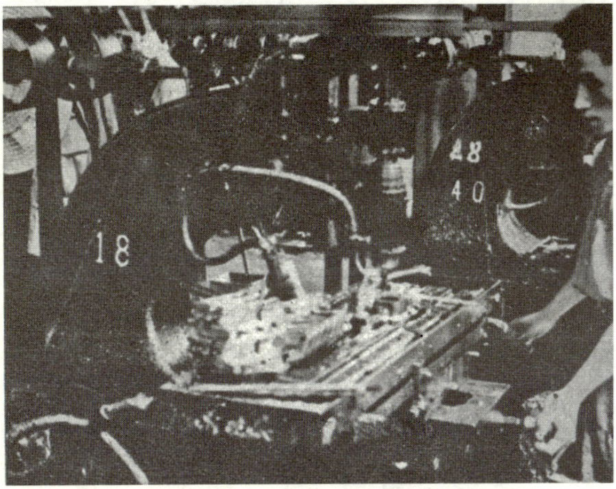

All the workers are skillful and experienced. They produce machine- guns which prove to be as good as the imported ones.

兵工厂中雇用之工人，均系曾受严格训练之技工，其出品之精密准确较欧美舶来品并无逊色。

Assembling the automatic machine-guns. Thousands of these are sent to the front daily.

各种零件做成后，其最后手续为装配，是项工作均有专家在旁监视指导，图中完成者为手提轻机枪。

Checked and counter-checked by engineers, these machine-guns are ready for packing Today, they are defending the Chinese lines against Japanese assault.

某兵工厂中，每月有数千架机枪及高射机枪完成，输送至前方应用，中国抗战三年余来，已完成轻军器之自给政策，西南国际路线虽被封锁，但中国军器，不感缺乏。

甜的内江咸的自贡
SUGAR AND SALT INDUSTRIES IN SZECHUAN

（席兴群摄）

The sugar and salt industries in Szechuan has grown rapidly since the war, for the Japanese blockade has made it difficult for inland China to obtain sea salt and imported sugar. The districts of Nei-kiang, Chien-yang and Tse-tsung, long noted for their large plantations or sugar cane, have become important centers of China's sugar industry and are now able to turn out sufficient qualities of sugar to answer the demand of the south-western provinces. Production of salt in the forty districts near Sze-kung is also abundant. There are thousands salt wells to draw brine from and hundreds of "fire wells"to evaporate it. Annual out-put is estimated around five hundred million catties that make China a "salt-sufficient" nation.

糖与盐为人生营养的必需品，自从中国沿海遭受封锁，外糖之输入不易，海盐的采取亦多困难，于是造成了内地自给的蓬勃景象，四川省内江之蔗糖与自流井及贡井之岩盐，即为其中之最显著者。川境内江，简阳，资中各县均为产甘蔗之区，故其产糖量最富，而品质亦至佳，除流销本地外，邻省之给仰亦多赖之。至于岩盐，则产地达四十县之多，每年产量五百余万担，尤以自流井及贡井之产量为最丰，与蔗糖同为川省的两大资源。

Sugar canes on the way from plantation to plant.
甘蔗采割后即由人力运至糖厂。

Grinding sugar juice from the canes in a mill.
小规模糖厂多用牲口拖磨床以榨蔗汁。

The juice collected is being purified and evaporated.
蒸发蔗汁，提炼糖精，诀窍全在火候。

The crushed stalks is used as fuel in the evaporating houses.
蔗皮可当燃料，火力特猛，其灰烬更可作肥田之用。

The sirup is allowed to settle in a vessel to be crystallized.
糖浆炼成后倾入缸中，待其凝固即成精糖。

Evaporating brine by heat from "fire-wells".
利用天然火井，蒸发盐卤。

Purifying and refining the brine by further heating.
将蒸发过的盐卤再加火力以提炼精盐。

Sometimes the brine is pumped to the tower and evaporated by sunlight.
盐卤由唧筒升上塔顶，俟其泻下曝干，即成盐。

Fine and pure salt ready for shipment.
已经制炼完成之细白精盐。

The engine that pumps up the brine from the deep salt wells.
抽取盐卤时所用之绞盘。

越笥衣岭跨大渡河　乐西公路的艰巨工程

ANOTHER IMPORTANT HIGH—WAY TO SIKONG UNDER CONSTRUCTION

（庐　光）

四川西康二省之建设，近年来已突飞猛进，乃为抗战建国过程中必然的现象，该二省且由国民参政会组成川康建设期成会，以督促二省地方当局奋力从事各项已定建设计划，其中尤以贯通二省之公路，更为重要，上项公路一为由成都西行至西康省会康定之川康公路，业已完成通车，为乐山至西昌之乐西公路，刻已加工赶筑下完成泰半，按此线由川省乐山西南行，直趋康滇边境之西昌，以便衔接昆明并向西展筑至西藏，成为西南另一国际通路。此路在海拔三千余尺之横断山脉间蜿蜒引进，全程长五百余里，其施工之艰巨，堪与滇缅公路前后称美史册。

The road zigzaging its way through the rocky mountains——a distant view of that section of the highway already completed.

海拔三千尺之高山，公路蜿蜒而上，远望似盘曲之长蛇。

The great road winds round the mountains like a giant snake. Thousands of workers are at work day and night to hasten the completion of this mountain highway.

行将完成之登山盘道，在峭壁间曲折上盘，其工程艰巨可知。

Mountain precipices are dynamited to open way for the road base.

工人用火药炸裂巨石，在山腰开筑路基，图为火药爆炸情形。

Food for the laboring millions.
乡民运输粮食接济筑路工。

Workmen carrying kitchen utensils.
造饭铁锅紧随工程前进。

Women and children are employed to supplant men-workers in the construction of the highway.

沿途居民稀少，妇孺均自动应征工作，共力完成此伟大建设。

The highway under construction near the O-pien District which is the most difficult section in the whole road—building work.

川境峨边一带，为施工最艰巨之一段，图中工人正在开凿石基。

船夫曲

SONG OF THE RIVER

——*River Scenes of Northern Kwangtung*——

（程云山）

哎唷哼，哎唷哈！
咱们都来拉船呀！
哎唷哼，
哎唷哈，
咱们拉船挣钱好养家。
哎唷哼，
哎唷哈，
拉船挣钱好养家呀！
养活爹，
养活妈，
养活老婆抱娃娃。
哎唷哼，
哎唷哈！
咱们用力拉船呀！
咱们脚蹬着地；
咱们手扒着泥沙和大石；
咱们受着日头晒；
咱们一年到头忍气受苦；
还得拼命用力拉船呀！
哎唷哼，哎唷哈！
咱们大家一齐用力呀！

拉到岸头挣钱好养家。

哎唷哼，哎唷哈，

咱们大家一齐用力啦！

岸头不远快到啦！

前面所载的一首歌谣是北江武水岸上纤夫们在工作的时候常唱的拉纤歌，雄壮动听，把朴实的真情完全流露出来。他们脚蹬着地，手扒着泥沙和大石，用尽全身气力拉着船拼命地前进！他们不能后退呀！全船的性命寄托在他们身上，他们忍受着各种艰苦，不怕一切困难，抱着大无畏精神勇敢地完成反抗自然的工作。

据他们说，以前只知道呼喊着："哎唷哼，哎唷哈"！原来是一位读书人旅行经过，教他们唱这首歌的。"哎唷哼，哎唷哈"原是工作辛苦的时候所呼喊出来的单纯声音，但由此会产出诗歌，也就是人类的进化，由劳动而产生了文化。所以，人类如果没有劳动，决不会进化，从何产生文化呢！我们应该歌颂纤夫和其他劳动大众的伟大呀！

咱们还受雨淋和风刮。

哎唷哼，哎唷哈！

北江是广东省北部唯一的河流，有东西二水源：东源出大庾岭南麓曰浈水，西源出湖南省宜宾曰武水，其实相会于曲江县之南始名北江，俗混称北江，浈水和武水则称北江上游。武水最险峻，水行万山间，乱石参差水底，溪流浅急。故有"九泷十八滩"的名称，其中尤以"韩泷"，"梅泷"，"泗泷等更为险峻。航船非常困难，逆水上行拉纤非常艰苦，纤夫稍一失手，船就会被礁石撞破。顺水下行因水流湍急，也常失事。但两岸颇多名胜古迹，风景极佳，峰峦夹峙，林木阴翳，每值暮霭晴岚，苍翠欲滴。沿江水沫飞溅，宛若“瞿塘三峡”。武水流至曲江县南相会浈水，于是水势渐归平静。

自粤汉铁路全段通车以后，行旅交通极称便利，可是幽美绝伦的风景不是瞬时所能鉴赏的。现仍有少数船只航行以补铁路运输的不足，纤夫们很多已改就他业。将来船只虽会完全绝迹，但纤夫们造福人类、神圣的生之奋斗始终值得我们崇敬！

A wooden boat rushing downstream along the rapids of Poikiang. The skipper has to steer the boat with hair—splitting precision to get it safely through the hidden rocks.
北江韩泷的险滩急流，木船在礁石间冲驶而下，惊险万状。

Boatmen on all tours pulling up the boat against the current.
纤夫们脚蹬着泥沙，手攀着乱石，与逆流的江水搏斗。

Managing to get through a difficult climb.
船夫们在巉崖峭壁中进行拉纤工作，稍一不慎，即有生命之虞。

There are still boats sailing along Poi-kiang to supplant transportation on the Hankow-Canton Railway.
自粤汉铁路全段通车后，北江的木船已被淘汰了，但是仍有少数船只航行，以补铁路的不足。

湘桂铁路镇南段工程的再建设
THE RAILWAY LINE YET TO BE COMPLETED

（谢临深摄）

The Kweiling Chennankwan Line is an extention of Hunan-Kwangsi Railway, It is 230 kilometers in length, running its course through mountains and gorges. Construction of the line began in the summer of 1938 but was suspended in 1939 due to the Japanese invasion of Lungchow and Chen-nan-kwan. With the retreat of the Japanese from the said cities last year, engineering work would most likely be resumed. Pictures give glimpses of this un-completed railway.

湘桂铁路为中国西南交通动脉之一，其中自湖南衡阳至广西桂林一段，早已于民国二十七年春通车，而自桂林至柳州一段，亦于去年完成，其南端自南宁至镇南关一段，直通越南，尤为国际之重要途径。该段自南宁起经过崇善明江凭祥而抵镇南关，共长约二百三十公里，大部路线皆在崇山峻岭中进行，故工程至为艰巨。

民国二十七年由中国及法国当局合组中法银团，筹集的款，委由中法建筑公司建造，合同于同年五月一日签订，设工程处于越南谅山。至二十八年春大部工程次第告成，计动员广西民工至六十万人之多，大桥跨度在十公尺以上者计四十余座，隧道总长四百公尺，同年五月十五日举行铺轨典礼，由镇南关起，开始敷设轨道，因适值雨季，工作进行颇受阻碍，后以日军侵占南宁，只得宣告停工，计已经铺设之轨道长约七十公里，仅占全线三分之一。

目下南宁及龙州镇南关等要塞先后克复，甚盼当局对此将成之国际交通要线，能早日促其完成，则他日有利于西南之开发，以及国防事宜，诚非浅显。

Stone embankment under construction.

沿线土方工程均由民工踊跃参加工作。

People of Kwangsi helped to build the road base.

新筑路基易于崩坍，民众助筑挡土坛。

The great railway bridge at Chung-Sen half completed.
崇善大旱桥建造时情形。

Ceremony marking the birth of a new railway held in Chao-nan-kwan in May 1938.
二十八年五月在镇南关举行铺轨典礼，立于旗下者为法籍总工程师冯丹氏。

The temporary bridge, constructed with ties.
赶工期内不及架设钢桥，先用枕木搭成临时便桥，以利行车。

A steel bridge under construction.
列车既过，即就木质便桥上架设钢桥，图中法籍工程师正在督工。

The huge sewerage pipes on the line.
沿途涵洞水管工程甚多，图为双孔混凝土水管工程之一。

The water through that runs above the railway.
凭祥附近河流高于路基，乃筑运水桥使水流在桥上面通过，在中国工程界中尚属创举。

自由中国的纺织工业

NEW BORN TEXTILE INDUSTRY IN FREE CHINA

China has lost most of her cotton mills during the war. According to recent statistical reports from reliable sources, losses in occupied areas alone amounted to 1,854,000 spindles and 19,000 looms. The remaining number of spindles and looms, as compared with the pre-war number is insignificant. There being only 639,000 spindles and 4,600 looms left in operation in the settlement of Shanghai, and 143,000 spindles and a negligible number of looms in Free China. Through three years of constructive effort, there is marked increase in the volume of textile industry in Free China. Numerous industrial cooperative societies spring up in every village and town while in Chungking, Thailand and Kunming modern cotton mills are being established. But production is still by far from being sufficient to meet with the pressing demand. Much therefore is yet to be done toward making China self-sufficient along this line.

中国自“七七”全面抗战以来，沿海各工业区相继沦陷，而中国最大之工业——纺织业——受害至烈。据统计中国纺织厂在沦陷区域被侵占或遭损毁者，有纱锭一八五四〇〇〇枚（1854,000 Spindles），布机一九〇〇〇台（19,000 Looms）。现存者不过上海租界内之纱锭六三九〇〇〇枚，布机四六〇〇台，及“自由中国”之纱锭一四三〇〇〇枚及少数布机而已。“自由中国”之纱锭以陪都重庆为最多，西安及昆明次之。后方缺乏纺织生产机关，纱布向感供不应求。军兴以来，政府内迁，军民衣被所需，为数更巨。近年来政府提倡手工纺织业，鼓励增加土纱布生产，复经技术家悉心研究，改良手工纺纱机，及各地工业合作社之努力推广，其生产量虽多有增加，但与需求相差仍远。故欲求大后方之纱布供求适合，仍有待于政府当局及实业家之努力也。

3000 women belonging to several dozen cooperative units spinning on improved spinning wheels.

工业合作社三千女工用改良纺纱机纺纱时之伟大场面。

粗纺工程

Roving process.

抽长棉条，施以捻度，使成细小条纱。

摇纱工程

Reeling process.

将细纱置摇纱车上，使成小绞，合七小绞成一绞，合十绞成一团。

并条工程

Drawing process.

并合数根棉条，均其轻重，使棉花纤维整列平行。

精纺工程

Spinning process.

抽长条纱，施以适当捻度，使成强韧之纱。

Chinese Women and Children Spinning Cotten thread and Yarn by Hand.

成都纺织工业合作社女工用自制之改良美国式脚踏纺纱机纺纱时情形。

四种不同的文化

租界、都市、乡村、部落的生活比较

DIFFERENT WAYS OF LIVING REFLECTS DIFFERENT GRADES OF CIVILIZATION

LIFE IN THE SETTLEMENT OF SHANGHAI

住

行

都市文化
衣

食

住

行

鄉村文化
衣

食

住

行

部落文化
衣

食

住

行

衣、食、住、行，是人类的日常生活，也是人类文化的表现，各地的生活方式不同，各地的文化就有区别。中国地域广大，因地理习惯等之异殊而形成了各种的生活方式。惟就事实上说，现在中国文化的系统，大概可以划分“租界”“都市”“乡村”与“部落”四类，自从西洋文化侵入中国，租界因为地理上的便利（都在主要口岸）而影响最大，由西洋生活的方式与中国的生活方式混合遂形成了所谓“租界文化”，“租界文化”达到内地，第一步的传递者就是都市，生活在都市的人们，一方面羡慕租界文化，一方面却免不了和乡村接触，处于虚荣与质朴两重生活之中而形成了所谓“都市文化”。乡村因为与租界隔离较远，一切生活仅以都市为最高标准，且限于工作与经济，只能勤劳质朴地过着农村生活，这就是所谓“乡村文化”。至于边疆各地，大抵抱封锁政策，少与外人往来，他们吃则乳酪，穿则兽皮，住则棚帐，行则牛马骆驼，一切生活与内地截然不同，这就是所谓“部落文化”。四种文化各有其特殊性质，界限显明，实为中国文化统一的一个严重问题。自军兴以来，国府西迁，人口内移，沿海口岸遭受封锁，租界文化渐失其渗入力，而边疆各地更积极开发建设，因此各种不同文化，已逐渐彼此吸收熔化，日趋统一。中国文化之发扬光大，当在不远。

大后方农村生产的跃进——广西良丰农产品展览及家禽畜竞赛

FARMING PROGRESSES IN FREE CHINA

（中央社）

With the introduction of scientific methods great improvements were seen in the agricultural products in Free China. A joint exhibition was recently held in Kweiling by the leading agricultural institutions in Kwangsi Province, for the purpose of acquainting the peasants with the merits of scientific farming methods.

农村是中国建立经济的基础，在经济重于军事的现阶段中，发展农村经济增加农村生产是目前大后方最主要的任务。广西家畜保育所，农事试验场，桂林科学馆及临桂推广实验县四机关，在共同的目标下，于三月廿一日在良丰举行农产品展览及家禽畜竞赛以引起农民注意而从事改进。农产品展览，陈列关于稻麦棉各农作物标本及制成品，另分森林，农业化学，害虫三部分用标本及图表文字作详细解说。家禽畜竞赛，除牛马鸡豕等比较其营养优劣外，并在会场陈列各种改良品种及生理状况之模型，以供农民参考。各地乡民对此均极感兴趣，且获益匪浅云。

Simple disc showing the correct methods in preventing the disease of animals.

陈列在兽医馆前家畜得病之状态与预防治疗之指导牌。

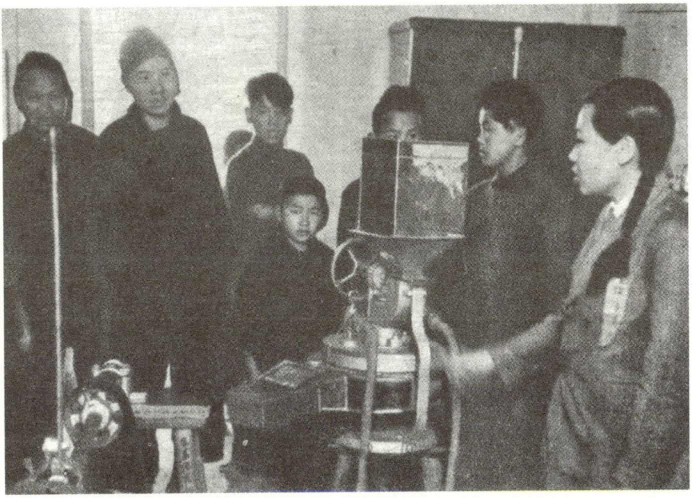

Officers telling the way to use the disinfecting apparatus.
展览会在场人员指导乡民使用消毒器材。

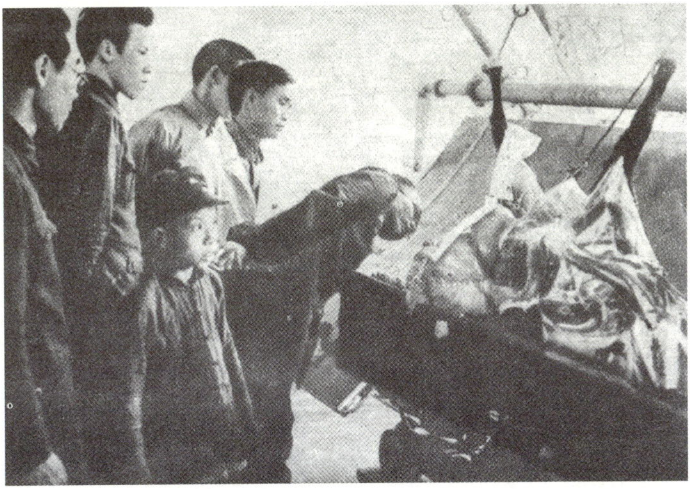

Farmers examining with interest the dissected parts of a sick cow.
乡民参观瘟牛生理变化与解剖之模型。

Attending the exhibiton are mostly Farmers and their sons.
参观展览之来宾均属农民及其子弟，对生产指导获益匪浅。

Prizes are being given to the owner of the best exhibits.
家禽畜竞赛，由专家评列等第给奖，以示鼓励。

The prize-winning cock.
展览中之大雄鸡。

The prize-winning buffalo.
耕牛竞赛之优胜者。

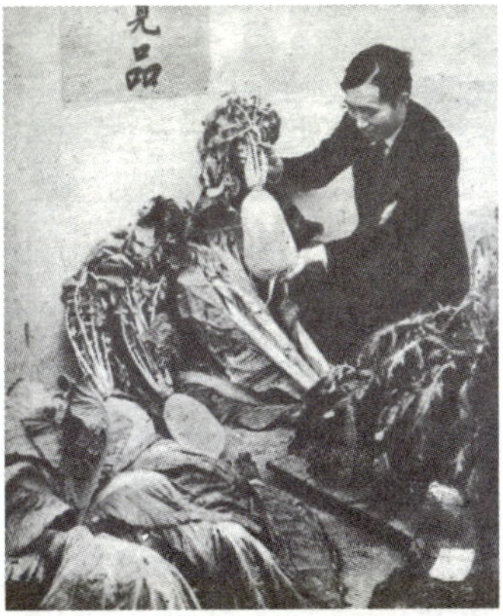

The products of scientific cultivation.
新法栽培的农产品。

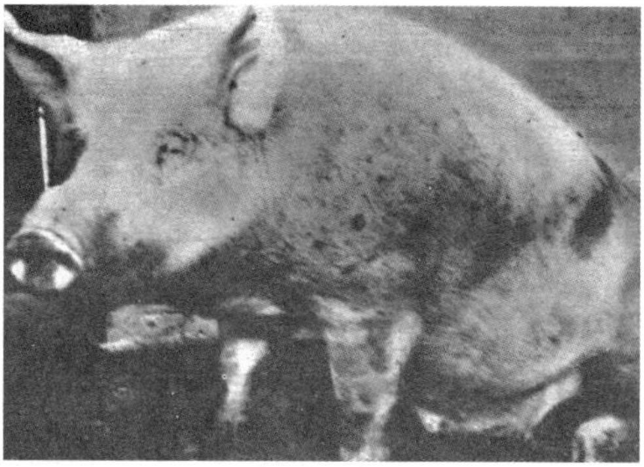

The Jersey pig.
英国约赛纯种猪。

The Arabian horses.
阿拉伯与美国混合种的马。

The Leghorn.
最善产卵之格来杭种鸡。

换取外汇的华茶
CHINA INCREASING THE PRODUCTION OF TEA FOR MORE RETURNS IN FOREIGN EXCHANGE

For the last three years, the Chinese government has been taking vigorous steps to increase and improve the production of China's exportable products, such as tung-oil, silk, tea and bristles, now generally known as China's four principal exportable agricultural and animal products. Special chartered trading corporations have been established to control export and market these commodities. The export of Chinese tea increases rapidly since the business being taken over by the government. The figure has risen from 185,010 kilograms to 416,246 kilograms, the larger portion of which goes to the Soviet Union with whom China has barter agreements.

茶叶为中国主要出口商品之一，近数十年来在欧美各国已渐取咖啡地位而代替之，华茶外销最高纪录为一八八六年之一三四一〇二〇公担，为中国茶叶出口之黄金时代，后因日本印度茶叶在欧美市场竞销及华茶制焙不加改良之结果，外销额遂渐减少，自抗战军兴，中国政府对国家资源充分利用并加以统制，如桐油，钨，锡，猪鬃等，相继由政府经营运销换取外汇。茶叶一项，亦由经济部成立中国茶叶公司，拨款七千万元：在湘鄂川康黔滇各省，遍设茶叶种植场及茶厂，利用科学方法，增进品质及产量，并统一运销，供应苏联欧美等市场，二年余来成绩卓著，致去年出口额已迅速增至四一六二四六公担，预计五年内，即川康二省亦可产茶五十万担。不久将来，华茶出口必能恢复昔日光荣，成为换取外汇之原动力，为中国抗建前途担负重大任务也。

Tea plantations, now a common sight on the Mountainous land of Szechuan, Sikong. Kweichow and Yunnan.
植茶山场遍设于川康黔滇各地。

Girls busying in spring-time in collecting new tea.
采茶女在茶林中摘取嫩茶叶。

Workers plucking tea leaves.
春季采茶时期，万绿丛中，女工忙于摘采。

The teatesting station of the China Tea Company at En-shi, Hupei.
中国茶叶公司在恩施所设之实验场。

Tea-leaves are first dried in sunlight and then baked on the oven.

茶叶采集后利用日光曝晒（上）。炒拌后再用篾篓烘焙。（下）

The tea sorters at work.
制成之茶叶，由女工拣选。

Trucks carry Chinese tea for export to U.S.A. and U.S.S.R.
大批茶叶装卡车，由中苏公路及滇缅路输往英美及苏联。

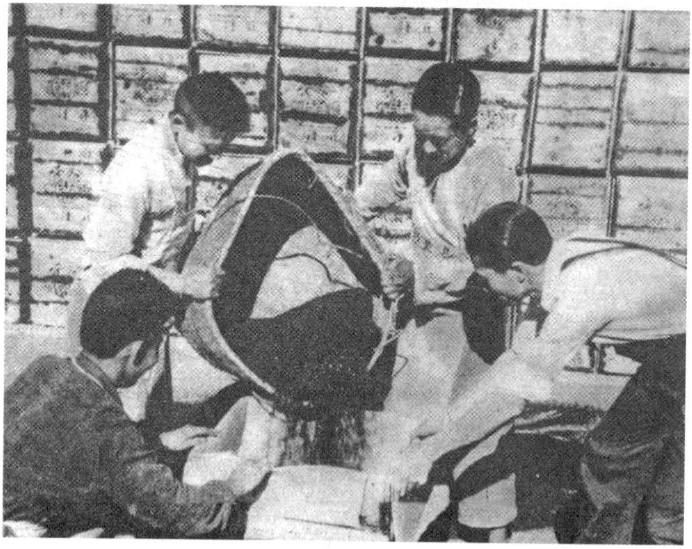

Chinese tea being weighed and packed for export.

制茶手续完成，分别较秤重量（上）然后严密封裹装箱输出。

教作并行——鄂省农学生实践生产工作
STUDENTS OF THE HUPEH AGRICULTURAL COLLEGE ARE ACTUAL FARM WORKERS

（中央社）

The Hupeh Agricultural College was established in 1940 with the aim of training young farming experts to improve Hupeh's land cultivation. Besides theoretical knowledge, the students are taught to do actual labor in the farms. Pictures show the activities of this new institution.

在三分军事，七分经济的原则下，湖北省政当局为配合抗战需要，发展农业生产教育起见，于民国廿九年春将省立农业专科学校扩充为省立农学院，倡行教作一致的风气，终日在教室农场专事农业生产的实验与改进，并指导一般农民改良农事的实施，增进收获数字，成绩极为可观，本页图示该院学生之一般活跃情况。

The students of the Hupeh Agricultural College and the land they till.

湖北省立农学院之学生与农场。

The students of the College live the peasant's life, do peasants work. They can stand every hardship that the Chinese farmers undergo.

学生每天日出而作，日入而息，实践教作一致的课程。

They plant vegetables and watch how they grow.
蔬菜种植实验场中，学生新法除虫。

Testing different kinds of fertilizers.
在每盆种子中分别试验各种肥料。

Doing botanical experiments on microscopes.
化验室中显微镜下的检验工作。

四川綦江水道工程

THE CHIGKIANG RIVER DAM UNDER CONSTRUCTION

（中央社摄）

The Chi-kiang which flows from South Szechuen into the Yangtge Rive is the important waterway between Szechuen and Keichow. Its course runs through the region rich with coal and iron mines. The river full of rapids is very difficult and dangerous for navigation. Various measures to improve the condition of this waterway have been carried out. The shallow sections has been deepened and dams constructed to ensure an minimum navigable depth of two meters throughout the whole course. Wooden junks of twenty tons will be navigable on this river once the re-adjustment work is completed.

綦江位于川南，江源出自赶水场迄江津县属之顺江场，（綦江注入长江之处）计长一百三十五公里，为川黔重要水道之一。全河流域均产煤铁，惟以水浅滩险，复有峡峒之阻，货运往来，节节盘驳，耗材费时，航行至感困难。年来经导淮委员会之整治浅滩，及兴筑闸坝，初步工程业于最近告竣。同时为便利船只在湍急之水道内通过，分筑水渠工程，俾可保持之深度最低为二公尺，使二十吨重之木船及驶行长江之小汽轮，除枯水时期外均可通航。川黔间之运输，得以畅通无阻。而于物资之运输调节，尤为有利于国计民生也。

A bird's eye view of the Chi-kiang River Dam newly completed.
经导淮委员会整治后之綦江水道，在湍急之浅滩处兴筑闸坝，并分建水渠调节水位，使航行得畅通，图为水道渠化工程之全部鸟瞰。

The Chi-kiang River untouched by the hands of men is shallow and full of hidden rocks, a nightmare to navigators.
綦江为川黔重要水道，长一百三十五公里，全河流域，盛产煤铁，大部运销重庆，自綦江水道调整后，川黔间之水道运输，已畅通无阻矣。

綦江船只通过水道程序：下行船只通过时，先将第一道闸门关闭，放水入第一段水道内，直至内外水位相等时，始开放第一道闸门，放船只进入第一段水道，再关闭第一道闸门，此时船只已在第一段水道内，然后将第一道水道内之水泄至第二段水道，直至内外水位相等时，始开放第二道闸门，放船进入第二段水道内，再将第二道闸门关闭，然后将第二段之水泄出，直至与下游河道水面相等时，开放接近河道之第三道闸门船只即可畅航至下游河道矣。如船只上行通过水道，则逐段提高水位，依次关闭闸门，与上游水位相等，开启闸门，放船只至上游河道，往来航行，极为便利。

The dam that slows down the flow of the river.
綦江滩浅水急，不能行船，故在浅滩处建造滚水坝，将水位提高，坝旁另建水道渠化工程，以便行船。

Ships sailing upstream climb the river in locks with raises the water level.
上航船只经过水道时，将水位逐渐提高，然后开启闸门，使船只得以上驶。

Boats passing the first lock about to enter the second lock.

水位相等后，开放闸门，船只由第一段陆续通过至第二水道。

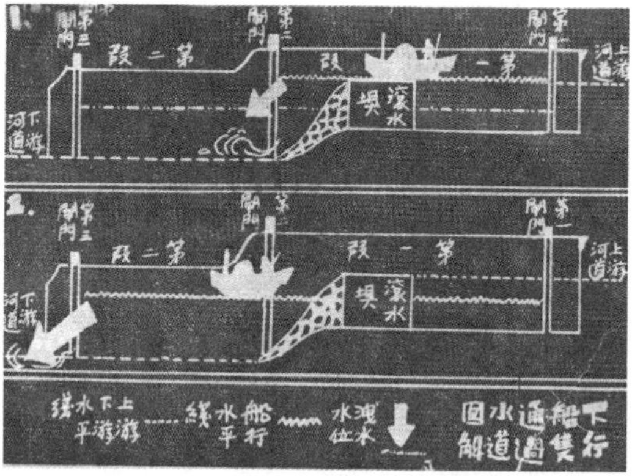

A sectional view showing how th ship is helped by the locks to step downstream.

綦江下行船只通过水道之图解。

Boat travelling upstream waiting for the opening the lock gates.
上行船只准备通过水道，上下段之水面相差达数十尺，蔚为奇观。

Gates are opened by turning the cranks.

用人力转动齿轮，开启闸门，将上段之水泄注入下段水道内。

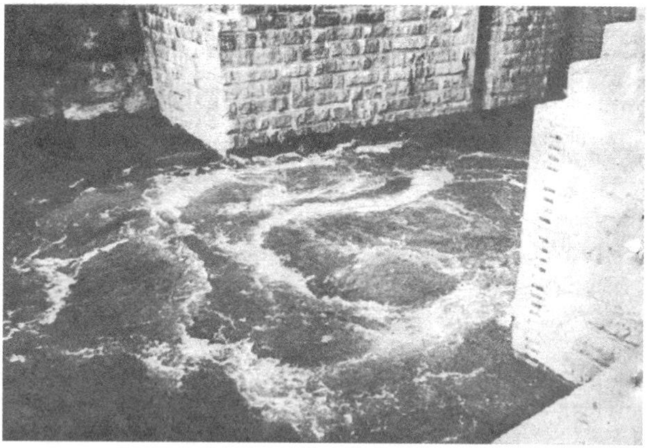

The minute when the gates are lifted.

水闸开放时，渠水倾泻宣泄，下段水位续渐上升，与上段水位相等。